AF640225

Das Apicius Kochbuch
aus der römischen Kaiserzeit

Titelbild der Martin Lister'schen Apicius-Ausgabe Amsterdam 1709

Das

Apicius Kochbuch

aus der
römischen Kaiserzeit

Ins Deutsche übersetzt
und bearbeitet
von Richard Gollmer

Das Apicius Kochbuch aus der römischen Kaiserzeit
Richard Gollmer
15. Auflage 2026

Regionalia Verlag,
ein Imprint der Kraterleuchten GmbH, Gartenstraße 3, 54550 Daun
Verlagsleitung: Sven Nieder

Bei Fragen zur Produktsicherheit wenden Sie sich an:
gpsr@kraterleuchten.com

Alle Rechte vorbehalten

Layout und Satz: www.paque.de, Ebergötzen
Einbandgestaltung: agilmedien, Niederkassel

Hergestellt in der Europäischen Union, Finidr, CZ

ISBN 978-3-939722-43-4
www.regionalia-verlag.de

FSC www.fsc.org MIX Papier aus verantwortungsvollen Quellen FSC® C014138

Inhalt

(Zu den Rezepten Erstes bis Zehntes Buch siehe Anmerkung des Herausgebers auf Seite 9 dieses Buches. Der Verlag)

Vorwort

»Das Vergnügen der Tafel gehört jedem Alter, jedem Stande, jedem Lande und jeder Zeit an. Es verträgt sich mit allen anderen Genüssen und bleibt uns bis ans Ende. Ja, wenn schon alle anderen Sinne versagen, bemüht sich noch die sterbende Zunge, Kühlung in den von Fieberhitze verbrannten Leib hineinzuschlürfen.«

So ungefähr spricht sich Brillat-Savarin über die Annehmlichkeiten der Tafel aus. In der Tat sind sie die harmlosesten und ungezwungensten Freuden, sie haben seit Bestehen der Welt jedem naturgemäss empfindenden Menschen zur ebenso wohltuenden wie notwendigen Unterbrechung seines grauen Alltags gedient.

Es dürfte daher gerade jetzt in unserer Zeit schwerer Arbeit, aber auch vernünftiger Lebensfreudigkeit von Interesse sein, einen Blick zu werfen auf die Tafeln jener Tage, in denen unsere Zeitrechnung beginnt und das römische Weltreich auf dem Gipfel seiner Macht stand.

Diesem Zweck soll die vorliegende Verdeutschung des Apicius-Kochbuchs aus der Zeit des Augustus und Tiberius dienen, das als das erste Kochbuch der Kulturwelt und als Vorbild aller späteren Kochbücher bis in die Gegenwart anzusehen ist.

Deshalb wird es, so hoffe ich, jedem Feinschmecker und jeder guten Hausfrau willkommen sein. Es soll eine kulturgeschichtliche Ergänzung zu jedem Kochbuch und eine Kuriosität für die Fachleute darstellen, daneben aber möchte das Buch sich auch als gern gesehenes, anregendes Gelegenheitsgeschenk für angehende Köche sowohl, wie für alle, die ihren eigenen Herd gründen, einführen.

Gr.-Lichterfelde, im Sommer 1909
Richard Gollmer

Die 10 Bücher des Originals

sind betitelt:

I. Epimeles	=	Gewürze, Hausmittel, Küchenregeln
II. Sarcoptes	=	Gerichte von zerkleinertem Fleisch
III. Cepuros	=	Von den Kräutern
IV. Pandectes	=	Rezepte verschiedener Art
V. Ospreos	=	Von den Gemüsen
VI. Tropetes	=	Vom Geflügel
VII. Politeles	=	Feine Küche
VIII. Tetrapus	=	Von den Vierfüsslern
IX. Thalassa	=	Fische und Schaltiere aus der See
X. Halieus	=	Von Fischen aller Art

Die Überschriften decken sich jedoch nicht genügend mit dem Inhalt. Wohl durch die Abschreiber des Mittelalters sind die Rezepte sehr durcheinandergewürfelt. Ich habe jedoch an der äusseren Einteilung der Listerschen Ausgabe von 1709 festhalten zu sollen geglaubt und es, um vergebliches Nachschlagen zu vermeiden, vorgezogen, die einzelnen Bücher ohne Überschrift zu lassen und lieber ein übersichtliches Verzeichnis der Rezepte am Schlusse des Buches beigefügt.

Römische Maße und Gewichte

Hohlmaße:

1 Cyathus		= 1/20 Liter
1 Quartarius	= 3 Cyathi	= 3/20 Liter
1 Sextarius	= 12 Cyathi	= 6/10 Liter
1 Modius	= 16 Sextarii	= 9,6 Liter

Gewichte:

1 Scrupulum	= 1,14 Gramm
1 Drachme	= 4,36 Gramm
1 Unze = 24 Skrupel	= 27,4 Gramm
1 Libra = 12 Unzen	= 329 Gramm

Die Kunstblätter

versinnbildlichen die drei großen Epochen der Kochkunst

I. Altertum. Titelbild der Martin Lister'schen Apicius-Ausgabe, Amsterdam 1709. (in der Ausgabe dieses Buches: Abbildung zwischen Schmutztitel und Titelei)

II. Mittelalter. Holzschnitt von Jost Amman, Nürnberg, 1568. Vers angeblich von Hans Sachs. (auf Seite 55 dieses Buches)

III. Neuzeit. Titelkupfer »Bibliotheque d'un Gourmand« aus Grimod de la Reyniere's Almanach des Gourmands, Paris 1804. (auf Seite 93 dieses Buches)

Einleitung

Das Interesse für die Kochkunst ist heute unzweifelhaft in starker Zunahme begriffen und zwar neigt es sich der rationellen Seite zu. Seit man einzusehen begonnen hat, einen wie grossen Einfluss die Ernährung auf die Verrichtungen von Körper und Geist des Menschen ausübt, finden wir namhafte Ärzte und Chemiker sich mit Küchenangelegenheiten beschäftigen und erfahren durch sie neue Ernährungstheorien, welche die alten Überlieferungen fast gänzlich umstossen.

Dieser innige Zusammenhang zwischen Medizin, Chemie und Kochkunst ist uralt. Die ersten kulinarischen Aufzeichnungen haben hellenische Ärzte zu Verfassern und enthalten demgemäss auch diätetische Vorschriften und Untersuchungen über Nützlichkeit und Schädlichkeit einzelner Nahrungsmittel in Menge. Die schreibseligen Griechen hatten aber ferner noch eine bedeutende Literatur über Einkauf, Güte und Verwendung von Lebensmitteln, über einzelne Gruppen von Speisen und von richtigen Kochbüchern. All diese Dutzende von Werken sind jedoch im allgemeinen Zusammenbruch der hellenischen Welt zu Grunde gegangen und würde nicht der Rhetor Athenäus, der zu Anfang des dritten Jahrhunderts nach Christus in Alexandrien und später in Rom lebte, in seinem Buche »Deipnosophistai« (Gelehrtengastmahl) häufig aus ihnen Stellen anführen, so kennten wir weder sie, noch ihre Verfasser.

Aber nicht dieses Werk des Athenäus ist als das »älteste Kochbuch« zu bezeichnen, sondern eine andere Sammlung von Rezepten, Hausmitteln und Küchenregeln, die um Christi Geburt in Rom geschrieben wurde und den Namen des Apicius trägt. Ich weiss wohl, dass es noch ein älteres Werk aus dem frühesten Sanskrit »Vasavarajeyam« gibt, doch dürfte dieses heute nur noch die Bedeutung einer Merkwürdigkeit haben und für uns nicht mehr in Frage kommen, zumal da es rein vegetarisch ist. Wenngleich es schon früh in europäische Sprachen übersetzt sein soll, scheint es doch keinen Einfluss auf die kulinarische Literatur ausgeübt zu haben Mir wenigstens ist, trotz mancher Bemühung, weder eine Ausgabe desselben, noch eine Stelle daraus – ausser in unkontrollierbaren Zeitungsartikeln – bekannt geworden. Das Apicius-Kochbuch hat dagegen hinsichtlich Inhalt und Form als Vorbild für die späteren Kochbücher bis in unsre Tage hinein gedient.

Die Geschichte erzählt nun von einem sprichwörtlich gewordenen Feinschmecker namens Marcus Gabius Apicius, der zur Zeit des Augustus und Tiberius, also im goldenen Zeitalter, lebte und die Kochkunst nicht nur um viele Erfindungen bereicherte, sondern diese auch in eigens dazu von ihm gegründeten Schulen lehren liess. Er erschöpfte sein grossei Vermögen bis auf den kleinen Rest von einer Million Mark und nahm dann Gift, um nicht, wie er fürchtete, Hungers sterben zu müssen.

Hierauf beruht wohl die gewöhnliche Annahme, dass das Apicius-Kochbuch als Dokument für die ungeheure Schwelgerei Roms zu betrachten sei. Wo ich nun aber Stellen daraus angeführt fand, z. B. bei Rumohr, bei Brillat-Savarin, bei Habs und bei Dr. Felix Weber, konnte ich einen besonderen Luxus in den Rezepten nicht entdecken und in der Tat erscheinen die Nachtigallenzungen, die Papageienhirne und die mit Menschenfleisch gemästeten Muränen erst hundert bis einhundertfünfzig Jahre später. Auch kann ich nicht, wie es Einige tun, in der bei weitem überwiegenden Zurichtung der Speisen als Püree, Ragout und Kroketten ein besonderes Raffinement erblicken, sondern halte weit mehr diese Formen für geboten durch die Bequemlichkeit des zum-Munde-führens in der üblichen halbliegenden Stellung. Man hatte damals wohl in der Küche grosse zweizinkige Gabeln, aber kannte solche als kleine Essgeräte bei der Tafel noch nicht. Mit Löffel und Fingern wurde gegessen, also waren jene Speise-Formen sicher die geeignetsten. Wohl aber belegen die Apicius-Rezepte wiederum einen Vorgang, den uns die Kulturgeschichte bei allen Völkern von den Pyramiden bis Trianon zeigt. Gelangt nämlich eine Nation zu Macht und Reichtum, so steigen schnell die Ansprüche, die an das Leben gestellt werden. Zuerst bei einzelnen Reichen oder Vornehmen, bald aber auch bei den mittleren und niederen Klassen. Geld und Geldeswert ist in Hülle und Fülle vorhanden und von allen Seiten strömt Neues herbei: neue Ansichten, neue Sitten, neue Waren und darunter nicht zuletzt neue Delikatessen. Der Reiz des Neuen, die Launen der Mode und die finanzielle Kraft, geniessen zu können, erweisen sich aber als gefährliche Faktoren. Zuerst drängen sie alle Gebiete zur Entwicklung und Verfeinerung, bald aber verlieren Verstand und Geschmack, die immer als Regulatoren dienen sollten, ihren Einfluss und es tritt überall Übertreibung, Entartung und Manieriertheit ein.

In diesem Zustande haben wir uns nach den Rezepten des Apicius die römische Kochkunst kurz nach Christi Geburt zu denken. Das äussert sich im Vertilgen grosser Mengen, im Auftragen einer Unzahl von Gerichten, im Verdecken des Eigengeschmacks des Rohstoffes und in wahnsinniger Ueberwürzung. Genau so geschah es später in Florenz, in Frankreich und in Deutschland. Wie es in jener Zeit an den römischen Tafeln herging, möge ein anderer als ich beschreiben, und zwar der vielgereiste und überaus belesene Paul Jacob Marperger. Er gibt in seinem 1716 erschienenen grossen Nachschlagewerk eine ebenso interessante als ausführliche und zutreffende Schilderung »Römischer Mahlzeiten, Gastereyen und Banquete«, die ich dieser Einleitung auf Seite 25 bis 36 vollinhaltlich anhänge.

Mein Verlangen, das berühmte Kochbuch genauer kennen zu lernen, förderte zunächst das mich befremdende Resultat zu Tage, dass nach den Verzeichnissen des Buchhandels keine deutsche Übersetzung vorhanden ist. Sofort stand mein Entschluss fest, eine solche sinn- und sachgemäss zu versuchen. Ich erwarb dann von den verschiedenen lateinischen Ausgaben die von Martin Lister besorgte und mit Kommentaren von Humelberg, Barth, Reinesius, van der Linden und anderen versehene, 1709 bei Jansson-Waesberg in Amsterdam verlegte und die von Chr. Theophil Schuch herrührende, in Heidelberg bei Carl Winter 1874 erschienene. Diese beiden also liegen meiner gegenwärtigen Übersetzung zugrunde.

Wenn ich nun auch die wissenschaftliche und kulturhistorische Seite der Gastronomie zu meinem Sonderstudium gemacht habe, so verfolge ich jedoch mit dieser Veröffentlichung keinen rein theoretischen, sondern einen mehr praktischen Zweck. Ich sehe sogar an dieser Stelle durchaus von gelehrten Erörterungen ab. Der Urtext hat durch die Abschriften des Mittelalters so gelitten, dass das Latein, wie es Lister, der Hofarzt der Königin Anna von England, vor zweihundert Jahren vorfand, wohl treffend mit dem Ausdruck »Küchenlatein« bezeichnet werden kann. Mit grossem Scharfsinn hat nun eine Reihe von Erläuterern Ergänzungen, Streichungen, Veränderungen angebracht, ja Schuch und sein Mitarbeiter Wüstemann haben sogar ein ganzes Jahr praktischen Kochversuchen gewidmet und doch ist noch viel unverständlich geblieben. Noch heute aber ähnelt manche Nationalspeise in Spanien, Südfrankreich, Italien und Griechenland so sehr den Apicius-Gerichten und noch weit über dies Gebiet hinaus springen Anklänge an solche in die Augen, dass ich rekonstruierend manches aufklären, manches anders deuten und manche veränderten Stellen wieder herstellen nicht nur zu können, sondern auch zu müssen geglaubt habe.

Es sei mir gestattet, auf diese Ähnlichkeiten näher einzugehen.

Zunächst gibt Apicius unverhältnismässig viel Rezepte für Saucen.

Die Saucen sind, wie der berühmte Kochkünstler Soyer einst sagte, »für die Küche das, was die Grammatik für die Sprache und die Tonleiter für die Musik ist«, und der Marquis Cussy nennt den Saucier sogar einen »erleuchteten Chemiker, das Schöpfergenie und die Grundstütze der feinen Küche«.

Als man anfing, die Speisen, und zwar zunächst das Fleisch, am Spiess zu braten, auf Eisengittern zu rösten oder in grossen Wasserkesseln zu kochen, erzielte man keine Saucen oder Kraftbrühen, und kam bald darauf, allerlei Würzkräuter und salzige (Salsa, das Urwort unserer Sauce) Tunken zu den Speisen zu gemessen. In der Tat lassen sich nur ganz erlesene Fleischstücke am Spiess und in der Pfanne oder auf dem Roste und auch nur von ganz geschickten Händen so zubereiten, dass sie ohne Sauce munden, also genügend Saft enthalten, um nicht trocken und geschmacklos zu werden. In England verschmäht man noch heute die Saucen nach unserer Art; wer aber die trockenen und zähen Bratstücke und die nur in Salzwasser abgekochten Gemüse Old Englands kennt, die dort die Durchschnittskost bilden, der weiss genau, warum John Bull zu den überscharfen Saucen greift, die er fertig in Flaschen kauft und ständig auf seinem Tische haben muss. Das Bedürfnis nach einer flüssigen Beigabe ist eben nicht zu unterdrücken.

Unser Apicius z. B. beschreibt Saucen, die, genau wie heute die englischen, in keinem organischen Zusammenhang, sondern oft in direktem Gegensatze zu dem Fleische standen, das sie begleiteten. Er empfiehlt u. a. die folgenden zwei Saucen, die eine für Fleisch, die andere für Pilze. Die erstere besteht aus Pfeffer, Liebstöckelkraut, Koriander, Raute, Fischlake, Honig und etwas Öl, alles im Reibstein gehörig zusammengemischt. Zur zweiten soll man Öl, Thymian, Bohnenkraut, Pfeffer, Salz, Kümmel, Ingwer und Wein und etwas Silphium nehmen.

Es ist ganz selbstverständlich, dass mit Saucen dieser Art der eigentliche Geschmack der Speise vollständig unterdrückt und geändert wird. Aus der Not eine Tugend machend, wetteiferten schon im alten Rom die Köche, dem Fleisch einen anderen Geschmack zu geben, z. B. Schwein wie Rebhuhn, Gans wie Fisch, Thunfisch wie Kalbfleisch schmecken zu lassen. Diese absurde Manie findet ihren Gipfel in der Leistung jenes französischen Kochs, der ein wohlschmeckendes Ragout aus einem – ledernen Handschuh bereitete.

Die mittelalterliche Küche ging mit Salz, Pfeffer und anderen Würzstoffen noch viel verschwenderischer um als das Altertum, wie das Rezeptbuch der Pariser Moutardier-Gilde von 1394 beweist, und machte auch von Zucker und anderen süsslichen Stoffen ausgiebigen Gebrauch. So wurden die Saucen zu einem Mixtum Compositum, das einem modernen Menschen Grauen verursacht. Man gab z. B. zur gebratenen Gans eine sogenannte »Gänsemilch«, die aus Milch bestand, welche auf dem Feuer mit Mehl, Salz, Pfeffer, Safran, geriebenen Mandeln und Gänseschmalz dick gerührt wurde. Zum Rindsbraten reichte man eine Tunke, »Probrat« genannt, von Bratäpfeln, Rosinen, Pfeffer, Muskat, Ingwer, Zucker in Rotwein gekocht und durchgerührt.

Überbleibsel solcher Rezepte finden wir heute noch in der süssauren Rosinensauce, die man in Norddeutschland zu Kalbsgekröse gibt, ja, aus Amerika wird von neuen Salaten aus Bananen, Pfirsichen, Birnen, mit pikanter Mayonnaise vermischt, berichtet. Das Mittelalter scheint also doch noch nicht ganz überwunden zu sein!

Es heisst, dass man sich erst, als die unter Katharina von Medici und Anna von Österreich begonnene Reformation des Tafelwesens die französische Küche, die Grundlage der heutigen internationalen guten Küche, in all ihrem Glanze erstehen liess, darauf besann, dass die Sauce nur den Zweck haben dürfe, den Geschmack eines Gerichtes zu heben. Jedenfalls warf man damals alles, was sich mit diesem Grundsatz nicht vertrug, über Bord und benutzte den beim Braten und Schmoren entstehenden »Fond«, unter Zuhilfenahme von Schwitzmehl oder dicker Sahne, Wein usw., zur Bildung des Beigusses. Das war in Wirklichkeit aber nur eine Wiederholung von etwas schon Dagewesenem. Ein Blick in unsern Apicius lehrt uns, dass er diese Idee für sich in Anspruch nehmen könnte, und wir folgen ihr noch heute, denn nach ihr fertigen wir unsere warmen legierten Bratensaucen. Aber auch zu den kalten pikanten Saucen unserer Tafel, also der Vinaigrette-, Kräuter- und Remouladensauce gibt uns bereits Apicius Rezepte, deren Grundlagen sind Essig, Öl, Eier und scharfe Gewürze, und in diese Gruppe sind die oben erwähnten modernen englisch-amerikanischen Saucen einzureihen, deren Zahl Legion ist. Alle diese Saucen wurden anfangs nach Familienrezepten im Hause oder vom Krämer angefertigt. Die berühmteste aller englischen Saucen, die Worcestershiresauce, verdankt ihren Ursprung einem solchen Hausrezepte. Sie enthält Piment, Pfeffer, Nelken, Ingwer, Curry, Paprika, Senf, Zucker, Tamarinde, Essig, Sherry und ein wenig Asa foetida. Gleicht dies Rezept nicht genau dem oben erwähnten Apicischen? Das in jenem erwähnte »Silphium« ist nach der Ansicht der Mehrzahl der heutigen Foricher der Stinkasant gewesen, also die Pflanze, welche die Asa foetida liefert. Die römischen Köche gebrauchten Blätter, Stengel und Wurzel der Pflanze frisch und getrocknet, und auch der mittelalterlichen Küche war dies scharfe und beissende Gewürz unter dem Namen Teufelsdreck nicht fremd. In unserem Original finden sich mehrere Bezeichnungen dafür, z. B. Laser und Silfium, die ich unverändert liess, daneben aber auch den deutschen Namen der Pflanze »Asant« anwandte. Braucht uns dies Gewürz also nicht zurückzuschrecken, so darf es die massenhafte Verwendung der verschiedensten Kräuter und der ungeheure Verbrauch von Pfeffer auch nicht. All die Kräuter, ich möchte fast sagen und noch einige mehr, waren auch in unserer Küche heimisch, noch bis ins neunzehnte Jahrhundert hinein. Aus der Zeit der Königin Luise hat uns Frau Auguste Wilhelmine Frederique Charlotte Fontane, geb. Werner, die dritte Gattin des Kabinettssekretärs der Königin, Vorfahren des märkischen Dichters, das Rezept zu einer »Würze aus allerlei Kräutern« hinterlassen, die man aus je einem Teil Thymian, Petersilie, Dragon, Pfefferkraut, und zwei Teilen Basilikum bereitete, indem man diese Sachen trocken zu Pulver rieb. Die Dame empfiehlt dies besonders zu geschmorten Fleischspeisen und Ragouts. Ganz aufgeklärt sind noch nicht das Kraut Sil, das seseli tortuosum = Bergkümmel sein soll und die Wurzel Costum, die aus Indien kam und sowohl als Speisenwürze, wie als Parfüm für eine sehr kostbare Salbe verwandt wurde, denn mit dem Verdeutscher, der die Uebersetzung »Kostwurz« erfand und sich dabei beruhigte, wird wohl niemand übereinstimmen. Cyperus dagegen, das Cyperngras, dürfte wohl sicher die die Erdmandel liefernde, noch heute auf Cypern heimische Pflanze sein.

Diese Pflanzenwürzen dienen jedoch auch diätetischen Zwecken und die meisten waren, ja sind zum Teil noch heute bei uns offizinell; bei vielen Rezepten ist ausdrücklich bemerkt, welche Wirkung erzielt werden soll – genau dasselbe finden wir in unseren Kochbüchern bis zu den modernsten auch. Pfeffer dürfte im Deutschen Mittelalter mindestens nicht weniger verbraucht worden sein, wie im Altertum und wohl aus denselben Beweggründen. Er war das teuerste Gewürz und gab daher den reichen »Pfeffersäcken« willkommene Gelegenheit zu prunken, und sein diätetischer Wert wurde ungeheuer hoch geschätzt. Pfeffer galt als bester Förderer des Appetits und der Verdauung. Auch heute ist der Gewürzverbrauch Deutschlands noch ein recht beträchtlicher und nicht abnehmender, hat es doch im Jahre 1908 nicht weniger als 133 164 Doppelzentner im Werte von 15,2 Millionen Mark gegen 113 506 Doppelzentner im Werte von 14,1 Millionen Mark im Jahre 1907 eingeführt. Von den eingeführten Gewürzgattungen steht der Menge nach die Pfeffereinfuhr, die im Jahre 1908 insgesamt 68 518 Doppelzentner = 51,4 vom Hundert vom gesamten Gewürzimport betrug, an erster Stelle. An Gewürznelken, Sternanis und Nelkenstengel wurden im vergangenen Jahre 22 508 Doppelzentner im Werte von 2 Millionen Mark eingeführt, an Muskatblüten, Muskatnüssen und Ingwer wurden 1908 8375 Doppelzentner im Werte von 1 365 000 Mark verbraucht, der Rest der Einfuhr entfiel auf Zimt, Kardamomen, Nelkenpfeffer (Piment), Zimtblüten, Zimtblütenstengel, Zimtkassia, Nelkenrinde, langen Pfeffer, weissen Zimt, Paprika und Safran.

Es bliebe vielleicht noch ein Wort über die im kaiserlichen Rom viel verbrauchten Flüssigkeiten garum und muria zu sagen übrig, die unser Original meistens kurz mit liquamen bezeichnet und die im Rufe einmal der Kostbarkeit, dann aber auch der Scheusslichkeit stehen. Es waren pikante, besonders salzige Saucen, deren Herstellung unter den Rezepten nachzulesen ist. Wir können sie ohne weiteres mit den schon früher erwähnten englischen Saucen oder der deutschen Maggiwürze vergleichen, die in jeder modernen Küche gebraucht werden. Sie wurden mit Wein oder Most gemildert, mit Essig und Senf geschärft und dürften ihrem Gehalt an Salzfischen nach unserer heutigen Sardellen-Essenz oder Anchovy-Sauce sehr ähnlich gewesen sein. Auch wir würzen weichliche Sachen (Spinat, Hackfleisch) mit Sardellen, – in Lithauen ist es sogar üblich, zu ähnlichem Zwecke bei Kalbfleisch, Lunge etc., Salzheringe mitzukochen; ganz neu ist es, warmes Roastbeef mit Matjeshering zu reichen – haben wir da noch das Recht, die Nase zu rümpfen?

Wir finden ferner schon eine Reihe von »Moc«-Rezepten, also Ersatzspeisen, wie sie uns durchaus geläufig sind und auch in Bezug auf die Verfälschung von Nahrungsmitteln war man in Alt-Rom schon weit genug!

Dem sehr berühmten kampanischen Gries z. B. verlieh man seine ansprechende Weisse durch einen Zusatz von Kreide oder Thon. Die Erdart zur Verfälschung wurde auf dem sogenannten »weißerdigen Hügel« zwischen Puteoli und Neapel gefunden, und wie lebhaft dort das »Verbesserungs-Material« gegraben wurde, beweist der Umstand, dass Kaiser Augustus bei Anlegung einer Kolonie den Neapolitanern 20 000 Sestertien (gleich 3000 Mark) Jahresrente für Überlassung des Hügels gewähren musste. Beim Getreide selbst kannte man schon das heutige »Ölen«; dies dient heute dazu, dass die Körner mehr zusammen fallen, sodass ein bestimmtes Gemäss schwerer wiegt und die Sorte mithin einen besseren Preis erzielt, im Altertum gab man vor, das Getreide dadurch haltbarer zu machen. Auch beim Mehl kommen Zusätze schon vor, namentlich wird in dieser Beziehung Gips genannt. Bei Linsen klagt man über die Verunreinigung, welche sie beim fabrikmässigen Zerstampfen unter Beifügung von Backsteinbrocken oder Sand erleiden. Und unser wackeres Apiciusbuch gibt auch ganz unverblümt Rezepte zu Verfälschungen, wie z. B. »Rosenwein ohne Rosen zu machen« und ähnlichen Unfug! Manchmal allerdings, indem sich der Autor sittlich entrüstet und »fraus indigna = unwürdiger Betrug« dahinter schreibt!

Gehen wir weiter in den Ähnlichkeiten!

In Spanien gibt es ein Nationalgericht, die Chanfaïna, bestehend aus zerschnittener Schweineleber, die in Salzwasser weich gekocht wird und dann in siedendem Öl mit Zwiebeln, Pfefferminzkraut, Petersilie, spanischem Pfeffer, Nelken, Pfefferkörnern, Zimt, Kümmel und

Safran ein Weilchen schmoren muss. Dann giesst man etwas von der Brühe, worin die Lebern gekocht wurden, hinzu, streut geriebenes Weissbrot darüber und serviert das Gericht warm oder kalt. Ist das nicht Apicius? Auch die spanische Olla protrida muss ihre Erfindung bis auf das Altertum zurückdatieren. Man verkocht dazu Schlachtfleisch aller Art, Stücke von Wild und Geflügel und mageren Rauchschinken mit Kichererbsen und einer Menge beliebiger, abgebrühter Gemüse und gibt ein Weilchen vor dem Anrichten noch eine geräucherte, pikante Wurst hinein.

Gleicht nicht die Bouillabaisse aus Südfrankreich den Fischgerichten des Apicius? Hier ein Marseiller Rezept: Man nehme nur hartfleischige Seefische und solche mit möglichst wenig Gräten, sowie Krevetten, Langusten und Muscheln. Man reinige die Fische gut und koche dieselben, sowie die Krevetten etc. in Salzwasser. Gleichzeitig dämpfe man in Öl, etwas Butter und Wasser in einer anderen Pfanne gehackte Zwiebeln, rohe Tomaten und etwas Knoblauch. Sobald dieses gut gebraten, tue man die in Stücke geschnittenen Fische etc. etc. dazu, gebe Thymian, Lorbeerblätter, Safran, Wasser und pro Person 1 Löffel Öl hinein, lasse es kochen bis die Fische weich sind, und trage dann auf.

Noch heute farciert man in Italien Schweineleber, mischt sie mit Kräutern, Salz und Wein, formt davon kleine Würstchen, wickelt deren jede mit einem frischen Lorbeerblatt in ein Stückchen Schweinenetz und brät sie, wie Apicius es vorschreibt.

Aber noch viel weiter lassen sich des grossen Feinschmeckers Spuren verfolgen!

Auch wir geben unsern Kranken eine Gerstentisane, auch wir kennen die konservierenden Eigenschaften des Honigs, des Salzes, des Luftabschlusses und der Kälte. Auch wir erhalten Weintrauben in Kleie frisch und schütten Natron an das Gemüse, damit es schön grün bleibt, und noch heute werden gedörrte Feigen und Pflaumen in siedendem Seewasser »gedippt«, damit sie sich länger halten. Die lithauischen Palten und die norddeutschen Grutz- und Blutwürste könnten wir ohne viel Umstände nach den altrömischen Wurstrezepten machen. Ein Nusskonfekt, wie Apicius es schildert, bereitet man heute noch in der Türkei, frische rohe Austern verzehrt heute der Engländer genau wie vor zweitausend Jahren der Civis Romanus mit einer pikanten Sauce, ja auch die wundervollen in teigbedeckten Näpfen hergestellten englischen Pies kennt Apicius schon und auch er setzt bereits einen kleinen Schornstein aus Teig auf das kochende Gericht wie der moderne Pastetenkoch. Uns Deutschen erscheinen die altrömischen Schweine-Rezepte garnicht absonderlich wenn wir uns unser »schlesisches Himmelreich« und das Berliner Nationalgericht »Eisbein mit Erbsenpüree und Sauerkohl« denken. Auch wir bereiten uns Omelettes mit feinen Kräutern, »Arme Ritter« aus eingeweichtem, gesüsstem und gebratenem Weissbrot, auch wir machen aus alten Rebhühnern ein Ragout, und wenn wir für Reh, Hirsch, Wildschwein, Hammel oder Rindfleisch eine Marinade kochen, so nehmen wir dazu auch Wasser, Essig, Wein, Öl, Zwiebeln, Sellerie, Porree, Lorbeer, Mohrrüben, ganzen Pfeffer, Piment, Nelken, Muskat und Koriander – genau wie Apicius!

Ob nun die nachstehenden Rezepte wirklich praktisch verwendbar sind, wage ich nicht zu entscheiden. Die Königin Christine und die Kaiserin Josefine erlebten bekanntlich eine Enttäuschung bei dem Versuch. Allerdings braucht man auch nicht gleich mit Flamingozungen und Pfauenhirnen zu arbeiten wie sie. Ich habe mich an einfache Sachen gewagt und es ging – allerdings mit kleinen Änderungen, die Apicius der jetzigen Zeit gestatten musste.

Zum Schluss will ich nun den Punkt berühren, der vielfach für ausserordentlich wichtig und interessant gehalten wird, nämlich:

Das Apicius-Kochbuch ist garnicht von Apicius geschrieben!

Nun gut! Will man seinen Wert deshalb geringer anschlagen?

Nach Listers Zusammenstellungen hat man vier Männer des Namens gefunden, doch ist schon Lister der Ansicht, dass hier Irrtümer vorliegen und nur zwei geschichtlich sind. Die Rezeptsammlung selbst aber soll ein Koch namens Caelius zusammengestellt haben. Er setzte ihr den Namen des berühmten Mannes voran, um sie zu empfehlen, eine Sitte, die wir in früheren Zeiten viel finden und die noch heute nicht ausgestorben ist. Es sei nur an »Demokritos oder hinterlassene Papiere eines lachenden Philosophen«, jenes einst viel gelesene Buch von Karl Julius Weber, erinnert.

Die Sprache unseres Originals, Erwähnungen derselben Speisen durch gleichzeitige Autoren und Zitate bei späteren Schriftstellern beweisen jedoch, dass wir es mit einem genauen Nachweis zu tun haben, wie es um die Küche der Vornehmen stand, als Christus auf Erden wandelte und Rom die Welt regierte. Das erscheint mir als das Wichtigste.

Römische Mahlzeiten

Gastereyen und Banquete

aus: Paul Jacob Marperger's

Kgl.-Polnisch. und Chur. Sächsisch. Hoff- und Commercien-Rahts / wie auch Mitglied der Königlich Preußischen Societät der Wissenschaften

Vollständigem
Küch- und Keller-Dictionarium

Hamburg / in Verlegung-Benjamin Schillers seel. Wittwe / Anno 1716.

Diese Mahlzeiten etc. lassen sich vornehmlich abtheilen / in mäßige und übermäßige / ordentliche und ausserordentliche / sparsame und verschwenderische / in das Morgen-Brod / Früh Stück oder Jentaculum, die Mittags-Mahlzeit / Prandium, das Vesper-Brod / Merendam, und in die Abend-Mahlzeit / Cœnam.

Das Früh-Stück pflegten sie / wie noch heutiges Tages gebräuchlich / ehe sie an die Arbeit gingen / zu sich zu nehmen / und die Herrschaft ihrem Gesind zu reichen; In gar alten Zeiten wurde es Silatum genennt / weil sie nemlich den Wein / den sie nüchtern truncken / mit dem Kraut Sili gleichsam abwürgten / wie wir heutiges Tages den Bitter-Wermuth- oder Alant-Wein vor andern uns recommendiret seyn lassen. Was die Knechte/Knaben und Taglähner bey den Römern anbelangte / assen dieselbe des Tages wohl fünfmahl; Leute von Condition nur einmal oder auf das höchste zweymahl.

Die Mittags-Mahlzeit oder Prandium, quasi παῤ ἐνδιὸν, weil es des Mittags genommen wurde / war bey den alten Römern sparsamer / als ihr Nacht- oder Abend-Essen / also bey welchem allezeit reichlicher als des Mittagst ractiret wurde. Sie hatten auch ein Prandium adventorium, imgleichen auch Cœnam adventoriam, welches nemlich allezeit parat und in Vorrath stunde / um diejenige damit zu tractiren / welche sie etwan ungefehr besuchten.

Das Vesper-Brot / Merenda, hatte seinen Nahmen von denen / qui ære mererent, welche um Tage-Lohn dieneten / und den Tage-Löhnern des Nachmittags gegeben wurde.

Das Abend-Essen / Cœna, à communione, oder von der Geheinschaft / κοινός, communis, genannt; Daher auch noch das Heil. Abendmahl / Sacra Synaxis, vel κοινονια genannt wird / wurde von ihnen auch Vesperna genannt / und in unterschiedliche Theile eingetheilet / deren die erste war:

Anteccœna, das Vor-Nacht-Essen / oder die Kostung / Gustatio & promulsis, als welche vor den Meth (mit welchen die Alten zu Anfang der Mahlzeit ihren ersten Durst zu stillen pflegten) gegeben wurde / und bestunde solches in aufgesetztem Confect oder Honig und Wein / jedess besonderes; Damit nemlich die Gäste / nach Belieben / sich jeder selbst einen süssen Wein / Meth / oder Lutter-Tranck / nach seinem Gefallen zurichten möchte.

Hierauf kam die rechte Abend-Mahlzeit / bey welcher nach jedes Vermögen die besten Speisen aufgetragen wurden / und zwar wurde das vornehmste Gericht unter solchen Caput Cœnæ genannt. Mensa pomorum, vel Mensæ secundæ, aut

Belaria, hieß der Nach-Tisch / aus Aepfel / Birn / Nüssen und anderen Früchten bestehende. Ins gemein fingen sie mit dem Salat / Eyern und Brat-Würsten die Abend-Mahlzeit an.

Cœrna Deûm, wurden die spahrsame und auch dabey vergnügliche Mahlzeiten genennet.

Cœna Saturnia, hieß man diejenigen / auf welchen keine fremde Gerichte oder Delicatessen zu sehen waren.

Cœna Hæcates, wurde eine solche Mahlzeit genennet / bey welcher / gleich wie bei den Unter-Irrdischen / nicht viel gegessen wurde.

Cœna Icci, hatte von einem Geitz-Halse dieses Namens / welcher seinen Gästen wenig vorzusetzen pflegte / seine Benennung.

Cœna Philosophica, Platonica, Rustica, Laconica, Cynica, wurde von den Mahlzeiten gesagt / da es allzu knap und Hundisch zuging / und niemand satt zu essen bekam.

Cœnam terrestrem nenneten sie / dabey kein Blut vergossen wurde; i. e. Da man kein Fleisch oder Fisch speisete / sondern die Gäste ihren Bauch mit Erd-Gewächsen füllen musten. Hingegen hieß

Cœna dapsilis, pellocibilis, recta, dubia, uncata, epularis, regalis, eine solche Abend-Mahlzeit / welche die reichen Leute zu geben pflegten / und wo alles genug war; Auch dannenhero

Cœna Cerealis, Saliaris, Auguralis, Pontificialis, Capitolina, Persica, Sybaritica, Campanæ, & c. ein aus lauter Lecker-Bißlein bestehende Mahlzeit gennet wurde. Dannenhero Horatius von eines kargen Filtzes seinen lachenden Erben Od. 14. lib. 2.

Absumet hæres Cæcuba dignior
Servata centum clavibus & mero,
Tinget pavimentum superbum
Pontificum potiore cœnis.

Der Tisch zu ihren Mahlzeiten wurde bey einigen solcher gestalt zubereitet / daß zuerst das Bildniß eines Götzens / nebst dem Saltz-Faß / aufgesetzet wurde. Dahero Arnobius an einem Orte schreibet: Mensas vestras salinorum apposítu & Deorum simulacris sacras facitis; Ihr macht eure Tische durch das

Aufsetzen der Götzen-Bilder und Saltz-Fässer heilig. Insonderheit erzehlet Plinius im 28. Buch am 2. Capitel sehr viel von Tischen / unter andern: Daß man / wann uznter währender Mahlzeit von Feuers-Brunsten geredet worden / etwas Wasser unter den Tisch gegossen; Item: Daß man vor unglücklich gehalten / wann in währender Zeit / daß etwan ein Gast das Trinck-Geschirr / um zu trincken / am Munde gesetzet / die Tafel oder der Schenck-Tisch aufgehoben worden. Was auch einmahl unter den Tisch gefallen war / das hielten sie vor eine Schande und Unrecht wieder aufzunehmen; So durffte auch niemahls der Tisch so rein abgetragen werden / daß nicht noch etwas zum Zeichen / daß darauf gegessen worden / solte liegen geblieben seyn.

Die Art zu Tische zu sitzen / vel modus accumbendi, war in den alten und ehrbarn Zeiten nach unserer heutigen Manier, daß nemlich jedermann / sowohl Männer als Frauen / auf Stühlen um den Tisch herum sassen / eingerichtet; Als aber Rom an Macht und Reichthum zunahm / und dessen Einwohner begunten wohllüstig / und Weichlinge zu werden / da fingen sie an auf Polstern und Ruhe-Betten / oder zarten ausgestopfften Matratzen / um den Tisch herum zu liegen: Wiewohl die Weiber noch eine Zeitlang bey der Manier, auf Stühlen oder Sesseln zu sitzen / verblieben / und solches aus Schamhafftigkeit; Die Männer aber / sonderlich die Reichen und Wohllüstigen / führten solches durchgehendes unter sich ein / und zwar geschahe solches Accumbiren / oder zu Tisch liegen / auf folgende Weise:

In dem Eß-Saal wurde ein runder und niedriger Tisch hingesetzt / der bey geringen Leuten 3 Füsse hatte / und nur aus schlechtem Holtze gemachet war / bey vornehmen Leuten aber stellte das Fuß-Gestell nach der Bild-Hauer-Kunst einen Leoparden oder Löven vor / und zwar aus Eben- oder einem andern kostbaren Holtze geschnitzet / oder mit güldenen oder silbernen Blech überzogen. Um den Tisch herum waren drey Ruhe-Bäncke oder Betten / aus welchen hernach der Nahme eines Triclinii entsprungen / welches etliche auch Sigma oder halben Mond (dann mit dessen Zeichen wurde vor diesen ein Griechisches Sigma bemercket) zu nennen pflegten; Bisweilen pflegte man auch nur zwey solcher Bänklein vor einen Tisch zu setzen / und aldann hieß es Biclinium. Die Polster auf diesen Betten oder Bäncken wurden / nachdem der Gast-Geber reich oder arm war / mit Purpur oder andern gewürckten köstlichen Zeugen überzogen; Ehe sich aber die Gäste auf solchen niederliessen / wurden sie erst gewaschen / die langen Röcke ihnen abgenommen / und an deren statt ein Tafel-Kleid gegeben / welches sie Vestem Cœnatoriam nenneten: Sie zogen auch die Schuhe aus / damit sie die kostbahren Ruh-Bette oder Tisch-Bänke nicht besudelten. Insgemein aber lagen ihrer drey oder vier auf einer solchen Banck / und zwar solcher gestalt / daß sie den Ober-Leib auf den linken Ellebogen stützeten / unten aber die Füsse lang ausstreckten; Das Haupt war ein wenig aufgerichtet / und hinter den Rücken wurden kleine Pölsterlein gestopfet / damit sie desto gemächlicher sich anlehnen könten. Wann ihrer mehr als einer auf einem Bette lagen / so nahm der öberste das Haupt des Bettes ein / und streckete seine Füsse hinter des andern seinen Rücken aus / welcher mit seinem Hinter-Haupte bis an des ersten seinen Nabel lag / und daselbst mit einem kleinen Polster gleichfals unterstützet war; Dieser zweyte streckte wieder seine Füsse hinter dem dritten hin / welcher hingegen mit seinem Haupte bis an des andern Gürtel reichte. Mehr als drey lagen nicht leichtlich auf einer solchen Tisch-Banck / weil man es solnst vor übel accomodiret / und etwas Gemeines hielte; Der zu des Bettes Häupten lag / wurde der öberste / sumus, der unterste / primus, und der in der Mitte liegende / medius, genannt / und dieeser war der Vornehmste. Über dem Tisch hing ein Baldachin oder ein Tuch / welches verhinderte / daß kein Staub auf das Essen und die Gäste fiel; Diese nennet Horatius, Aulæ, oder Tapet. Damit auch von dem aufsteigenden Dampfe des Geträncks ihnen keine Kopff-Schmertzen zustossen möchten / so pflegten sie ihre Stirnen und Schäffe mit einem Wüllnen oder Leinenen Band zu binden / welche Kopf-Binde hernach im Blumen-Krantze aus schönen mit Gold gewürckten Binden verwandelt worden.

Ihr Trinck-Geschirr betreffend / so war solches bey denen sehr Alten ein Ochsen-Horn. In währender Mahlzeit / und fast bey jedem frischen Gericht / wuschen sie die Hände / den Leib ein wenig von dem Tische abwendend. Die ausgeleerete Becher kehretn sie rein um / wie wirr etwan noch heutiges Tages thun / und solches aufs Nägelein austrincken heissen; Wohin auch Taubmannus schertzend zielet / wann er von seiner Francken tapferenn Sauffen Lib. 3. Epigramm. folgender gestalt schreibet:

Laudo meos Francos,
qui se cervice supinant,
Et fundo eximo præbita
pocla hibunt.

Imgleichen Mersius ad illud Plauti in Sticho Act. 5 Sc. 4. da Cadum vertere, so viel als rein austrincken heisset; Wie also auch Vergilius 1.9. / En. V. 165 schreibet:

Indulgent vino &
vertunt Crateras ahenas.

Ferner wurden bey ihren Gastereyen ein Myrthen-Zweig aufgestecket / welches das Zeichen war / daß der Gast singen muste: Da dann derjenige / dem das Myrthen-Zweiglein gegeben wurde / einen Gesang anstimmete / so gut er könte Wiewohl es ihnen dabey an Tafel-Music auch nicht fehlete / dann also wird von denen Epulis des Didonis lib. 1. / Eneid. des Vergilii gelesen:

Cithara crinitus Jopas
Personat aurata.

Wie dann auch von dem Horatio L. 3. Carm. Od XI. die Laute

Divitum mensis & amica templis.

Das ist: Eine so wohl bey Gastereyen als in den Tempeln angenehmes Instrument, gennet wird. Die Thönigens oder Liedergens / welche jeder Gast singenmuste / wurden

Scolia, das ist / Krumme und Gebogene genennet / weil sie ein jeder nach seiner Manier zog / wie er sie wolte. Auf das Singen folgete das Tantzen / welches bey den Griechen mehr als bey den Römern gebräuchlich war / die es vor was Unzuläßiges hielten; Daher auch Cicero an einem Orte sagt: Nemo saltat sobrius, nisi forte insanit. Wann die Mahlzeit geendet war / durffte niemand mit einem Lichte nach Hause gehen; Dahero Athenæus diese Weise zu trincken vorschreibet: Daß nemlich einer nur so viel trincken solte / als ihm nicht verhindern könte / allein / und ohne Vorleuchter oder Führer wieder zu Hause zu gehen / welches bey denen Römern Knaben waren / die Fackeln vortragen mußten.

Die Zahl der Gäste betreffend / hielten es die Römer also / daß sie deren nicht über 9 noch unter 3 nahmen / durch jene Zahl die Musen, durch diese die Gratien vorzustellen. Die vier besten Dinge / welche an einer Römischen Mahlzeit zur selbigen Zeit gerühmet wurden / waren erstlich die gute Compagnie, der bequehme Ort / die wohl auserwählte Zeit / und daß an der Zubereitung nichts verabsäumet wurde. Allzu plauderhafftige Gäste / und hingegen allzu still und Melancholische mochten sie nicht leiden; So liessen sie auch alle wichtigen Sachen und Berahtschlagungen von ihren Gastereyen weg / und beflissen sich nur solcher Gespräche / welche den Menschen lustig und fröhlich machen könten.

Von dem Auftragen der Speisen noch etwas zu gedencken / so verrichteten dasselbe die Knechte und Mägde / welche daher auch Dapiseri gennent wurden. In den Gerichten hatten sie keine gewisse Zahl / sondern es waren solcher im Anfange 3 oder 6; Als aber hernach die wohllüste Verschwendung mit denen Völckern / welche die Römer überwunden hatten / nach Rom gebracht / und daselbst sowol unter hohen / als Bürgerlichen Stands-Personen eingeführet worden / da hatten die Gerichte keine gewisse Anzahl mehr / sondern es musten die nah und weit entlegene / und unter der Römer Bohtmässigkeit stehende Länder / sonderlich zu den lasterhafften Zeiten des Neronis, Tiberii, Vitellii, Heliogabali, hergeben / was sie nur Delicates und Kostbares in ihrem Laden auftreiben konnten / solches alles wurde mit unsäglichen Unkosten nach Rom gebracht / und daselbst an den Kayserlichen Hofe durch die Gurgel gejaget; Vornehmlich an des Vitellii Hoff / woselbst das Frühstück / Mittags-Mahl und Abend-Mahlzeit / jedes in seine ordentlichen Stunden / die alle mit Schwelgen / Fressen und Sauffen zugebracht wurden / abgetheilet worden; Und dieweil der Zwischen-Raum viel zu klein war / daß der Magen seine nötzige Dauung hätte verrichten können / halffen diese Mast-Schweine demselben durch das Erbrechen / welches allbereit an dem ganzen Hofe in Gewohnheit gekommen war: Es konte aber niemahls eine Mahlzeit bey Hofe unter 400 000 Groschen Unkosten gehalten werden. Insonderheit ist bey den Scribenten die Willkomms-Mahlzeit / welche ihm sein Bruder gegeben / höchlich berühmt / weil bey derselben 2000 der auserlesensten Fische / und 7000 Vögel aufgesetzet worden / und zwar theils davon in einer so grossen Schüssel / die man ihrer unmäßlichen Grösse wegen der Minerven-Schild hätte heissen mögen. In dieser lagen Phænecopter-Zungen / mit Muränen-Milch / Phasanen- und Pfauen-Gehirne vermengt / welche alle von den äussersten Enden Hispaniens durch gewisse / solche zu holen / ausgesandte Galeere überbracht worden; Also / daß damahls in Rom die Rede ging: Wo Vitellius länger leben so er des gantzen Römischen Reichs Schätze verschlemmen / und durch die Gurgel jagen würde.

Von dem verschwenderischen Kayser Heliogabalo, schreibet Lampridius: Daß er selten eine Mahlzeit gehalten / die nicht etliche tausend Reichs-Thaler gekostet habe / dieweil er vielmahls bey einer Abend-Mahlzeit 6000 Straussen-Köpfe aufsetzen lassen / damit sich die Gäste an derselben ihrem Gehirn erlustigen möchten. Wenn er sich nahe bey der See aufhielte /

aß er niemals keinen Fisch / so er aber weit von derselben entfernet war / muste die ganze Tafel mit den köstlichsten Fischen besetzet seyn; Wobey er denn keinen Unterscheid machte / vornehme Leute besser als geringere zu tractieren / sondern vielmahls seine Lust suchte / die unflähtigsten Bauern mit der kostbahrsten Muræenen-Milch und Hecht-Lebern anzufüllen / ihnen offtmahls nichts als lauter Phasanen fürzusetzen / und aus dieser / oder einer andern Art Geflügel / alle Gerichte zurichten zu lassen. Zuweilen kam ihm die Lust an / von unterschiedlicher Art Leuten 8 Personen an seine Tafel zu nöthigen / als etwan 8 Gebrochene / 8 Blinde / 8 Kahl-köpfigte / 8 Lahme / so viel Fette und Magere / und was dergleichen mehr / welchen er einsmahls befohlen / daß sie ihm soviel Spinn-Weben / als sie bekommen könten / sammeln / und mitbringen solten; Da denn / wie die Historien melden / auf einmahl innerhalb der Stadt Rom ihren Ring-Mauern / 10 000 Pfund gesammlet worden.

Ein ander mahl aber / eine gleiche Anzahl Ratten / Spitz-Mäuse / und Wiefelgen / woraus der Heliogabalus die Grösse der Stadt vorstellen wolte. Wann er sich auch sonsten recht ergötzen wolte / ließ er seinen Gästen höltzerne / steinerne und Elffenbeinerne Gerichte vorsetzen / und nöthigte sie bey Auftragung eines jeden Gerichts zu trincken / und ordentlich die Hände zu waschen / als wenn sie wohl gespeiset hätten.

Des Caji Caligulæ Schlämmerey war so groß / daß er in warmen und kalten köstlichen Balsam sich baden / und zur täglichen Collation die köstlichsten in Eßig geschmoltzenen Perlen aufschlucken wolte. Seinen Säften setzte er gantze güldene Schau-Essen vor / weil er davor hielte / daß in solcher Verwendung das Kayserliche Ansehen bestünde; Wie etwan ehemahls jener Tunetanischer König Muleasses des Schlämmens so gewohnet war / daß ungeachtet er im Elende herum schwegte / er gemeiniglich 100 Ducaten auf die Zurichtung eines Pfauens anwendete. Ein solcher Verschwender ist auch der Caligula gewesen / der offt etliche Tage nach einander aus dem Julianischen Palast grosse Geld-Summen unter das gemeine Volk ausgestreuet / Jagt-Schiffe aus Cedern-Holz gebauet / deren Hinter-Theil von Gold und Edelgesteinen / die Segeln aber von Purpur und andern Farben gläntzeten / auf den Schiffen selbst waren allerhand Spatzier-Gänge und Credentze zwischen fruchtbahren Bäumen / unter welchen der Keyser sich zur Ruhe hiederlegte / und unter dem Schall angenehmer Music die Ufer des lustigen Campaniens befuhr. Alles was in Aufbauung köstlicher Städte und Gebäu die gesunde Vernunft vor unmöglich schätzte / das wolte er werckstellig machen. In Summa, dieses Monstrum ist so verschwenderisch gewesen / daß er alle die Schätze / welche der Tiberius in so vielen Jahren zusammen gesammlet / und die über hundert Millionen betrugen / in einem Jahr durchgebracht; Hierauf aber / als das Geld verschwendet war / verfiel er plötzlich auf einen schrecklichen Geitz / und räuberische Begierde / dadurch kein Ding noch einige Persohn im Römischen Reiche Zoll-frey seyn muste; In seinem eigenen Pllast richtete er ein Huren-Haus an / aus welchem er großen Gewinn zu ziehen verhoffte / und hierzu durch eigene Bothen Junge und Alte einladen ließ; Die reichsten Römer musten gegen große Zinse / Geld von ihm nehmen / unter dem Nahmen / dieweil die Kayserliche Schatz-Cammer erschöpffet / muste derselben unter die Armen gegriffen werden.

Ein nicht geringerer Schlämmer war auch der Claudius, sintemahl er in Gastereyeneinen so grossen Ubermuth getrieben / daß er gemeiniglich 600 Personen auf einmahl eingeladen / und hierzu solche Oerter erwählet / da sie alle bequemlich sitzen kunten: So musten sich auch bey allen Mahlzeiten seine Kinder und unterschiedliche Adeliche Knaben und Jungfrauen befinden / welche nach der alten Gewohnheit an den Bett-Pfeilern sassen / und daselbst gespeiset wurden. als ihm einsmahls / da er Gäste gebethen hatte / ein güldener Becher weg kahm / bath er ebendieselbigen

Gäste des andern Tages wieder / setzte ihnen aber ein Irrdenes Trinck-Gefässe auf; Und als hernachmahls am Tage kahm / daß Titus Junius diesen Becher gestohlen / nahm der Kayser keine andere Rache von ihm / als daß er ihm allezeit / wenn er hernachmahls bey ihm speisete / Irdene Gefässe vorsetzen ließ.

Des Sauffens ist der Claudius allezeit / und an jedem Orte höchstbegierig gewesen / wie er denn die Gewohnheit gehabt / daß er selten nüchtern von der Tafel aufgestanden / doch hat er darbey wenig / insonderheit des Nachts geschlaffen / des Tages aber schlieff er offtmahls so hart / und zwar vielmahls auf dem Richter-Stuhl / daß auch die Advocaten, wie laut sie immer reden möchten / ihm nicht ermuntern könnten.

Es wird ihm auch nachgesaget / daß er in den Gedancken gewesen / ein Edict zu publicieren / daß jeden frey stehen solte / den Wind / welcher ihn im Leibe incommodirete / ungescheut streichen zu lassen.

Nicht unmöglich war es auch bey den Römern / daß / wann sie ihren Gästen eine rechte Luft machen wolten / sich etliche paar Fechter vor dem Tische zu tode kämpffen musten; Also / daß ihr Blut offtmahls den Tisch und die Speisen besudelte. Diese armselige Menschen nannte man Gladiatores Convivales, oder auch Cubicularios.

Eine sehr seltzame Mahlzeit war auch diejenige / welche der Tyranne Domitanus einmahl denen Römischen Rahtsherren zu geben angestellet hatte / indem sie bey ihrer Ankunfft insgesamt in einem rund herum mit schwarzen Boy bezogenen Saal geführet wurden / in welchen die kleine angezündete Ampeln / derer man sich bey denen Begräbnissen zu gebrauchen pflegte / nur darum schienen angestecket zu seyn / damit die nach Anzahl der eingeladenen Rahtsherren ordentlich hingestellte Todten-Särge / den Gästen desto besser vor Augen stehen möchten; Welche / wie leicht zu ermessen / aus dieser Vorbereitung sich nicht viel gutes träumen liessen / noch mehr aber erschrocken wurden / als der Kayser selbst in das

Zimmer tratt / und eine Oration von Sterben hielte / welche diesen guten Leuten ein Donner-Strahl zu seyn bedünckte / der ihnen ihren jetzt bevorstehenden Todt verursachen würde; Plötzlich aber veränderte sich diese Tragœdia in eine Comœdiam, denn als der Tyrann nunmehro seine Augen mit der Herzens-Angst dieser Rahtsherren gnugsahm gesättiget hatte / ließ er sie alle von sich / und sandte ihnen noch derzu treffliche Geschencke auf dem Fuß nach / welche sie ihres ausgestandenen Schreckens etlicher massen solten vergessen machen.

Erstes Buch

Ausgezeichnete Weinwürze. Gib in einen kupfernen Kessel 2 Sextarien Wein und 15 Sextarien Honig, lasse dies auf gelindem Feuer unter Umrühren mit einem Rutenbesen sich mischen und heiss werden. Sobald die Flüssigkeit aufwallen will, schrecke sie durch einen Guss kalten Weins ab und nimm das Gefäss vom Feuer. Nach Erkalten wiederhole diese Arbeit zweimal, lasse darauf den Kessel bis zum folgenden Tage ruhig stehen und schäume ihn dann ab. Nun füge 4 Unzen geriebenen Pfeffer, 3 Skrupel Pistazienharz, je eine Drachme Nardenblätter und Safran und 5 Drachmen geriebene geröstete Dattelkerne, die in Wein solange eingeweicht sind, bis sie sich leicht verarbeiten lassen, hinzu. Zum Schlusse giesse 18 Sextarien leichten Wein zu und lasse das Ganze noch einmal tüchtig durchkochen. 1

Würzhonig. Ein Weinzusatz, der sich lange hält und besonders von Fussreisenden gebraucht wird. Er besteht aus aufgekochtem, abgeschäumtem und mit gemahlenem Pfeffer vermischtem Honig. Gib diese Würze im Augenblick des Trinkens in den Becher und nimm, je nach der gewünschten Süsse, mehr Honig oder mehr Wein. Setze schon bei der Bereitung der Würze etwas reichlich Wein zu, weil sie sich dann besser auflöst. **2**

Römischer Wermutwein. Nimm dazu camerinischen Wermut und nur in dessen Ermangelung pontischen, gereinigt und zerquetscht und zwar eine thebanische Unze. Füge dazu Pistazien, 3 Skrupel Nardenblätter, 6 Skrupel indische Wurzel (Kostwurz), 3 Skrupel Safran und 18 Sextarien alten Wein. Lasse dies auf kalten Wege digerieren. **3**

Rosen- und Veilchenwein. Entferne von Rosenblättern den unteren Teil, fülle sie dann in leinene Beutel und hänge diese in eine reichliche Menge Weins. Gib nach 7 Tagen neugefüllte Beutel in den Wein und nach wieder 7 Tagen abermals. Seihe den Wein durch; versüsse ihn beim Trinken mit Honig. Achte darauf, dass nur die besten und ganz tautrockenen Rosen gepflückt werden. Ebenso mache den Veilchenwein. **4**

Falscher Rosenwein (ohne Rosen). Hänge frische Blätter des Zitronenbaumes in einem Körbchen in ein Fass mit Most, bevor die Gärung begonnen hat. Nach 40 Tagen entferne die Blätter und gebrauche den Wein, wenn nötig, mit Zusatz von Honig, als Rosenwein. **5**

Ersatz für Liburnisches Öl. Zerquetsche Alant, Cypergras, frische Lorbeerblätter, treibe dies durch einen Durchschlag, dass ein feines Pulver entsteht. Mische dies mit fein gemahlenem Salz, gib es in spanisches Olivenöl und schüttele dies 3 Tage gut um. Dann lasse das Öl ruhen; es wird später von jedermann für liburnisches gehalten werden. **6**

Trüben Wein zu klären. Schütte Bohnenmehl oder das Weisse von 3 Eiern in das Fass, rühre mit einem Rutenbesen lange um, dann wird der Wein am anderen Tage klar sein. Auch Rebenasche bewirkt dasselbe. **7**

Herstellung des Garum. Koche ein Sextarium Sardellen und drei Sextarien guten Wein so lange, bis beides zu einer dicken Masse geworden ist. Diese treibe durch ein Haarsieb und hebe sie in Glasflaschen auf.

Garum ist die feinere, Muria die gewöhnlichere Fischsauce, die fast bei keiner Speise fehlt. **8**

Schlechtriechende Fischsauce wieder gebrauchsfähig zu machen. Räuchere ein umgekehrtes leeres Gefäss mit Lorbeer- und Zypressenzweigen aus und giesse die vorher in frischer Luft gut geschlagene Sauce hinein. War sie zu salzig, gib Honig dazu und schlage sie mit einer Dornenrute gut durch, sie wird dann wieder brauchbar sein. Statt Honig tut auch neuer Most dasselbe. **9**

Fleisch ohne Salz auf eine begrenzte Zeit frisch zu erhalten. Lege zu diesem Zweck das frische Fleisch in Honig, dass es ganz bedeckt ist, hänge das Gefäss auf und verwende das Fleisch wie gewöhnlich. Im Winter hält sich das Fleisch länger, im Sommer nur einige Tage. Mit gekochtem Fleisch kannst du ebenso verfahren. **10**

Pökelfleisch (vom Schwein oder Rind), Eis- und Spitzbeine lange aufzubewahren. Lege die Stücke in eine Marinade aus Essig, Senf und Honig, dass sie vollständig bedeckt sind. »Wenn Du es gebrauchst, wirst Du Dich wundern!« sagt unser Original. **11**

Pökelfleisch zu entsalzen. Koche es in Milch oder in Wasser. **12**

Bratfische zu konservieren. Sobald die Fische gar sind, übergiesse sie mit heissem Essig. **13**

Austern zu konservieren. Lege die aus den Schalen genommenen Austern in ein Essigfässchen, streue Lorbeerbeeren und fein gemahlenes Salz dazwischen und verschliesse es gut. **14**

Um von einer Unze Asant lange zu profitieren, lege das Kraut mit ungefähr 20 Pinienkernen in ein geräumiges Glasgefäss. Beim Gebrauch nimm von diesen Kernen, reibe sie und mische das Geriebene in die Speisen. Die herausgenommenen Kerne ersetze durch neue. **15**

Damit sich Honiggebäck lange hält, mische gleichzeitig mit dem Honig Hefe unter das Backmehl. **16**

Verdorbener Honig wird wieder brauchbar und verkaufsfähig, wenn man zu einem Teil schlechten 2 Teile guten Honig mischt. »Unwürdiger Betrug!« sagt unser Original. **17**

Honig auf seine Güte zu prüfen. Tauche einen Stengel Alant in den Honig und zünde ihn an: ist der Honig nicht verdorben, so brennt die Flamme hell. **18**

Weintrauben lange aufzubewahren. Übergiesse unverletzte Trauben in einem entsprechenden Gefäss mit Regenwasser, das auf 1/3 seiner Menge eingekocht ist, verpiche und vergipse das Gefäss und stelle es an einen kühlen Ort, wo es nicht von der Sonne beschienen werden kann. Beim Gebrauch werden die Trauben sich wie ganz frische erweisen. Das Wasser gib in Krankheitsfällen anstelle von Honigwasser. Auch wenn du sie mit Gerste (Gerstenkleie) überschüttest, wirst du die Weintrauben unverdorben finden. **19**

Um Äpfel und Granatäpfel lange zu halten, tauche sie in siedendes (See-) Wasser, nimm sie sofort heraus und hänge sie auf. **20**

Um Cydonische Äpfel (Quitten) lange zu halten, nimm sie mit Fruchtzweig und Blättern ab, lege sie in ein Gefäss und übergiesse sie mit Honig nebst abgekochtem Most. **21**

Um frische Feigen, Äpfel, Pflaumen, Birnen und Kirschen lange zu halten, pflücke sie sorgsam mit ihren Stielen und lege sie in Honig, dass sie sich nicht berühren. **22**

Um Zitronen- (medische) Äpfel lange aufzubewahren, lege je eine Frucht in ein Gefäss, vergipse dasselbe und hänge es auf. **23**

Maulbeeren zu konservieren. Koche den sich bildenden Saft mit Most auf, lasse die Maulbeeren darin aufwallen und schütte alles in gläserne Gefässe, die gut verschlossen werden müssen. **24**

Um Küchenkräuter und Gemüse lange zu halten, nehme man ausgesucht gute und nicht ganz reife und lege diese in ein Gefäss, das gut verpicht wird. **25**

Rüben zu konservieren. Putze und beschneide die Rüben wie üblich und packe sie dann in ein Gefäss, indem du Myrrhenbeeren dazwischen streust. Übergiesse sie mit Honigessig oder mit einer Lake aus Honig, Essig, Senf und Salz. **26**

Trüffeln lange aufzubewahren. Schichte ausgesuchte Exemplare, die noch nicht von Feuchtigkeit usw. gelitten haben, in Gefässe abwechselnd mit trockenem Sägemehl, vergipse die Gefässe und stelle sie an einen kühlen Ort. **27**

Hartschalige Pfirsiche. Um diese lange aufzubewahren, wähle die besten aus und lege sie in Salzlake. Am folgenden Tage nimm sie heraus, spüle sie gut ab und packe sie mit Salz und Pfefferkraut in ein Gefäss; sie werden mit Essig übergossen. **28**

Um frische Oliven aufzubewahren, dass man jederzeit Öl daraus machen kann, lege man sie sofort nach dem Pflücken in Salzlake ein und verwende sie, wie eben vom Baum genommene. **29**

Damascener-Pflaumen, Datteln, Traubenrosinen, Granatäpfel, bewahre stets an trockenem Ort auf, damit sie keinen Geruch anziehen und nicht an Güte leiden. **30**

Würzsalz, ein Mittel gegen viele Krankheiten. Anzuwenden gegen Verdauungsbeschwerden und Pestilenz und alle Krankheitsfälle, den »Bauch zu bewegen« und kaltem Fieber vorzubeugen.

Gewöhnliches (Koch-) Salz, gerieben, 1 Pfund, Ammoniak-Salz 2 Pfund, weissen Pfeffer 3 Unzen, Ingwer 3 Unzen, Thymian 1/2 Unze, Selleriesamen 1/2 Unze, Petersiliensamen 3 Unzen, Majoran 3 Unzen, Raukesamen (eine Kohlart) 1/2 Unze, schwarzen Pfeffer 3 Unzen, Safran 1 Unze, cretischen Isop 2 Unzen, Nardenblätter 2 Unzen, Petersilienblätter 2 Unzen und Dill 2 Unzen; Senfsamen nehme man nicht hinein. Ist bedeutend milder als man annimmt. **31**

Sauce für Austern und andere Schaltiere. Pfeffer, Petersilie, getrocknete Minze, Nardenblätter, viel Kümmel, Honig, Essig und Fischlake innig mit einander verarbeiten. **32**

Oder: Pfeffer, Liebstöckel, Petersilie, getrocknete Minze, viel Kümmel, Honig, Essig und Fischlake. **33**

Scharfe Asant-Würze. Löse cyrenischen oder persischen Asant in lauwarmem mit Essig und Fischlake vermischtem Wasser auf. **34**

Oder: Nimm Pfeffer, Petersilie, trockene Minze, Asantwurzel, Honig, Essig und Fischlake. **35**

Oder: Nimm Pfeffer, Kümmel, Dill, Petersilie, trockene Minze, Asantwurzel. Nardenblätter, indisches Gewürz, Honig, Essig und Fischlake. **36**

Feine Würze für Trüffeln. Pfeffer, Liebstöckel, Koriander, Raute, Fischlake, Honig und ein wenig Öl. **37**

Oder: Thymian, Bohnenkraut, Pfeffer, Liebstöckel, Honig, Fischlake und Öl. **38**

Sauersüsse Sauce. 2 Unzen Kümmel, 2 Unzen Ingwer, 1 Unze frische Raute, 2 Skrupel Natron, 12 Skrupel Datteln, 1 Unze Pfeffer und 9 Unzen Honig schütte in Essig. Wenn genug durchgezogen, nimm alle Ingredienzien heraus, trockne sie und reibe sie dann im Reibstein, mische sie mit Honig und gib nachher, wenn erforderlich, Weinsauce hinzu. **39**

Milde Sauce. Pfeffer, Liebstöckel, trockene Minze, Pinienkerne, Traubenrosinen, süssen Käse, Honig,

Essig, Fischlake, Wein, Öl und eingekochten Most. **40**

Verdauungs-Sauce. 1/2 Unze Pfeffer, 5 Skrupel Kardamom, 6 Skrupel Kümmel, 1 Skrupel Narde, 6 Skrupel trockene Minze. Zerquetsche dies alles, treibe es durch ein Sieb und mische es mit Honig. Wenn nötig, gib Fischlake oder Essig dazu. **41**

Oder: Je 1 Unze Pfeffer, Petersilie, Kümmel und Liebstöckel verarbeite mit Honig und gib dann Fischlake und Essig dazu. **42**

Gemischtes Gewürz. Minze, Raute, Koriander, Fenchel, dies alles frisch und grün, ferner Liebstöckel, Pfeffer, Honig, Fischlake und, wenn nötig, Essig werden im Mörser zusammen verrieben. **43**

Zweites Buch

Kroketten machst du von Muscheln, Krebsen, Calmar, Tintenfischen, Krabben etc., indem du das verwendbare Fleisch fein hackst und mit Pfeffer, Liebstöckel, Kümmel und Asantwurzel würzest. 44

Kroketten von Calmar. Nach Entfernung aller Abfälle zerstosse und zerreibe im Reibstein das verwendbare Fleisch wie üblich, vermische es mit Fischlake, forme es zu Kroketten und brate diese. 45

Kroketten von Meerspinnen und grossen Kammmuscheln. Nimm die Körper aus den Schalen, zerreibe sie im Reibstein mit Pfeffer und sehr guter Fischlake, forme aus der Masse Kroketten und brate sie dann. 46

Netzwürstchen von Schweineleber mache auf folgende Art: Befreie eine Schweineleber von Haut, Sehnen etc., brate sie und zerreibe sie im Reibstein mit Pfeffer, Raute und Fischlake. Aus der Masse mache mit einem Schweinenetz kleine Würstchen und wickle in deren jede ein Lorbeerblatt. Dann hänge sie so lange in den Rauch, wie du willst; zum Gebrauch brate sie. 47

Gehirnkroketten. Im Reibstein verarbeite Pfeffer, Liebstöckel, Majoran und gib Fischlake dazu. Koche inzwischen 3 Schweine-Hirne, verreibe sie fein, dass kein Knorpel etc. darin bleibt und füge sie nebst 5 ganzen, gut verklopften Eiern zu den Gewürzen, verarbeite alles zu einem gleichmässigen Teig, befeuchte ihn mit Lake, schütte ihn in eine Metallpfanne und lasse ihn gar werden. Dann schneide ihn in mundrechte Stücke und richte diese auf einer Servierschüssel an. Als Sauce verreibe im Mörser Pfeffer, Liebstöckel und Majoran, mische dies gut mit Fischlake, lasse es aufkochen, füge zerbrochene feine Mehlnudeln hinzu, lasse es einkochen, rühre gut um und schütte die Sauce über die Kroketten. Streue Pfeffer über das Gericht und serviere. **48**

Pilzkroketten. Säubere die Pilze und Schwämme gut, entferne ihre harten Teile, verarbeite sie mit gesiebtem Mehl und Eiern zu einer Farce, pfeffere diese und mache mit einem Schweinenetz Würstchen daraus. Diese schmore in Weinlake und serviere sie wie Fleischkroketten. **49**

Netzwürstchen von Schweinefleisch. Gehacktes Schweinefleisch verarbeite mit entkrustetem Weizenbrod, etwas Wein, Fischlake, Pfeffer und wenn du willst, auch mit ein paar geschälten Myrtenbeeren zu einer Farce, forme daraus kleine Würstchen, bestreue sie mit Pfeffer und Pinienkernen, wickle sie in Netzstücke und lasse die Würstchen in Most schmoren. **50**

Fasanen-Kroketten. Die fetten Brüste junger Fasanen brate an und schneide sie in Stücke, umhülle sie dann mit einer Farce aus dem gehackten übrigen Fasanenfleisch, Brotmasse, Pfeffer, Fischlake und Most, forme Kroketten aus dem Teig und koche diese in Salzwasser gar. **51**

Gullasch. Verreibe Pfeffer, Liebstöckel und ein wenig Bertram, gib Fischlake und Regenwasser dazu, mische alles gut durcheinander, lege kleingeschnittenes Fleisch hinein, hänge das Gefäss über das Feuer und lasse das Ganze gar werden.

Dann trage es »zum Schlürfen« auf die Tafel. **52**

Würze für Hühnerkroketten. Ein Pfund Ölbaum- (Veilchen-?) Blüten, ein Quartarium Fischlake, 1/2 Unze Pfeffer im Mörser verrieben. **53**

Andere Würze für Hühnerkroketten. Verreibe 31 Pfefferkörner, gib einen Becher beste Fischlake, ebensoviel gekochten Most und 2 Becher Wasser dazu und lasse dies aufkochen (nicht direkt im Feuer, sondern darüber »im Rauch« hängend, wie in No. 52). **54**

Einfaches Würzfleisch. Zu einem Teil Fischlake gebe man 7 Teile Wasser, etwas grüne Sellerieblätter und 3 Löffel geriebenen Pfeffer. Darin koche man das geschnittene Fleisch. Soll es »um den Bauch zu lösen« gegeben werden, so füge man der Brühe entsprechende Gewürze bei. (Etwa nach Rezept 31.) **55**

Anmerkung des Originals. Pfauen-Kroketten werden als ganz vorzüglich betrachtet, besonders wenn sie weich gebraten sind. An zweiter Stelle (in der allgemeinen Schätzung) stehen die vom Fasan an dritter die von Kaninchen, der vierte Platz gehört den Hühnerkroketten und den fünften nehmen die von zartem Schweinefleisch ein. **56**

Würzfleisch mit gebundener Sauce. Verreibe Pfeffer, Liebstöckel, etwas Majoran, Asant, ganz wenig Ingwer und etwas Honig, mische es dann mit Fischlake, lasse die Fleischstücke damit gar kochen, binde die Brühe mit (Schwitz-) Mehl und trage das Gericht »zum Schlürfen« auf. **57**

Andere gebundene Sauce für Würzfleisch. Verreibe tags zuvor eingeweichten Pfeffer mit Fischlake, dass ein dicker Brei entsteht. Zu demselben mische eingekochten kretischen Wein (oder eine Abkochung von getrockneten Feigen), was die Römer »Couleur« nennen. Darauf füge (Schwitz-) Mehl oder Reismehl hinzu und lasse die Sauce auf langsamem Feuer seimig werden. **58**

Hühnerfrikassee. Entbeine junge Hühner, zerschneide sie und koche sie mit Lauch, Dill, Pfeffer, Salbeisamen gar, gib dann Reismehl, Fischlake und Most hinzu, rühre gut um und trage das Frikassee auf. **59**

Süsser Mehlbrei. Feinstes Speltmehl koche mit in Wasser geweichten und abgezogenen, sowie mit kretischer Erde blendend weiss gewaschenen Piniennüssen, Mandeln und Traubenrosinen in Most oder eingekochtem Wein zu einem dicken Brei. Diesen überstreue mit geriebenem Brot und serviere ihn auf einer tiefen Schüssel. **60**

Gefüllte Schweinstäschchen. Pfeffer und Kümmel, im Mörser gerieben, 2 kurze Lauchstücke vom fleischigen Wurzelende, Raute, Fischlake und fein zerkleinertes und verriebenes (Schweine-) Fleisch vermische untereinander. Dann verreibe in gut gewaschenem Mörser Pfefferkörner und Piniennüsse so, dass du sie unter die Fleischfarce mischen kannst, fülle mit der Masse kleine Schweinetaschen und koche sie in Wasser mit Öl, Fischlake, etwas Lauch und Dill. **61**

Blutwürstchen. 6 hartgekochte Eigelb, Piniennüsse, Zwiebeln und Lauch werden fein gehackt, mit rohem Blut und etwas Pfeffer, Fischlake und Wein zu einer Farce verarbeitet mit der man Därme füllt und diese kocht. **62**

Rauchwürstchen. Diese mache ähnlich wie die eben beschriebenen Blutwürstchen. Mische gut zerkleinertes Schweinefleisch, Pfeffer, Kümmel, Boretsch, Raute, Petersilie, Lorberbeeren, alles fein geschnitten, und Fischlake dazu und arbeite das Ganze nochmals mit Fischlake, ganzem Pfeffer und Piniennüssen wegen des vielen Fettes gut durch. Mit dieser Masse fülle, sie sehr vorsichtig vorschiebend, Därme, und hänge sie in den Rauch. **63**

Hirnwürstchen. Verreibe Gehirn mit ganzen Eiern, Piniennüssen, Pfeffer, Fischlake und etwas Asant, fülle die Masse in Därme, brühe die Würstchen und brate sie dann. **64**

Bratwürstchen. Gekochtes Speltmehl verarbeite mit gehackten und zerriebenen Fleisch, Pfeffer, Fischlake und Piniennüssen zu einer Farce. Damit fülle Därme, koche die Würstchen und brate sie dann. Schneide sie in Scheiben und trage sie mit Senf auf. **65**

Grützwurst. Wasche Speltgraupen und koche sie mit Fischlake, Gekrösefett und dem weissen feingehackten Ende des Lauchs. Dazu mische fein gehacktes Fleisch und Speck und verarbeite alles im Mörser mit geriebenem Pfeffer, Liebstöckel, 3 ganzen Eiern, Pinienkernen, ganzem Pfeffer und Fischlake zu einer Farce mit der du die Därme füllst. Dann brühe die Würstchen und brate sie hernach, aber gib etwas von der Brühe in die Bratpfanne. **66**

Geräucherte Fleischwurst. Fülle lange Därme mit Fleischfarce, mache runde Würste daraus und räuchere dieselben. Brate sie dann, richte sie (in Scheiben) hübsch an und serviere sie mit Weinlake und Kümmel. **67**

Drittes Buch

Schön grüne Gemüse erhält man, wenn man beim Kochen Natron hinzugibt. **68**

Brei-Rezepte.

(Einige darunter empfohlen »gegen Bauchbeschwerden«.)

a. *Rote Rüben und frische Lauchstengel,* gesäubert und zerkleinert, gib in den Kochtopf, füge Fischlake mit zerriebenem Pfeffer, Kümmel und, damit es milder schmecke, etwas eingekochtem Wein vermischt hinzu, lasse es gut durchkochen und serviere es heiss. **69**

b. Ähnlich verwende *Farn-Wurzel.* Putze und zerschneide sie und setze sie mit lauwarmen Wasser auf. Sobald sie weich geworden, schäle sie und lasse sie mit geriebenem Pfeffer und Kümmel durchkochen. **70**

c. Streife von *Mangoldstengeln* die Blätter, ziehe die Stengel ab, binde sie in Bündel, setze sie mit etwas Natron auf und füge, wenn das Wasser kocht, eingekochten Wein oder Most, Kümmel, Pfeffer, etwas Öl und schliesslich etwas mit Fischlake verriebene Farnwurzel, sowie einige Piniennüsse hinzu, arbeite alles gut durcheinander und trage es sogleich, sehr heiss, zum Essen auf. **71**

d. *Nach Varro.* Putze rote Rüben und koche sie in Honigwein oder Wasser mit Öl und wenig Salz, dass ein seimiger Saft entsteht, der getrunken wird. Besser, wenn ein Huhn mitgekocht wird. **72**

e. *Sellerie,* Knolle und Blätter, und *Lauch,* das weisse Wurzelende mit Grünem, wasche und trockene die Gemüse an der Sonne, koche sie dreimal ein und zwar in einem neuen Topfe. Nun verreibe Pfeffer, Fischlake und etwas Honig mit dem letzten Kochwasser, giesse dies über die Gemüse, lasse aufkochen und nimm den Brei vom Feuer. Wenn es gewünscht wird, serviere die Sellerieknollen mit. **73**

Spargel wasche, trockne sie gut ab, lege sie wieder in heisses Wasser und koche sie. **74**

Kürbis-Rezepte.

a. Gib ausgedrückte, gekochte *Kürbisse* in einen Kessel, füge Kümmel, Asant, Raute, die du mit Fischlake und Essig im Reibstein zusammengearbeitet hast, sowie etwas eingekochten Wein hinzu, damit die Masse Farbe bekomme, und lasse dreimal aufkochen. Dann serviere mit ein wenig Pfeffer darüber. **75**

b. Auf indische Art. Reibe *Pfeffer, Kümmel, Raute* zusammen, gib dies mit Essig und Lake in einen Topf und lege die in Stücke geschnittenen und ausgedrückten Kürbisse hinein, lasse sie in dem Saft aufkochen und binde die Sauce mit (Schwitz-) Hehl, streue Pfeffer darüber und trage auf. **76**

c. *Nach alexandrinischer Art.* Zerschneide gewaschene Kürbisse, drücke sie aus, bestreue sie mit Salz und lege sie in ein Kochgefäss. Dann verreibe Pfeffer, Kümmel, Koriander, grüne Minze, etwas Asant und Piniennüsse mit Essig und eingekochtem Wein, gib Essig, Salz, Most und Öl hinzu, übergiesse damit die Kürbisstücke, lasse sie gut durchkochen, streue dann den Pfeffer darüber und trage auf. **77**

d. *Andere Art.* Waschen, zerschneiden und mit Fischlake, ungemischtem Wein und Öl kochen. **78**

e. *Andere Art.* Zerschneiden, braten und mit Weinlake und Pfeffer servieren. **79**

f. *Andere Art.* Brühen und braten, mit Kümmelgewürz und Öl aufkochen. **80**

g. *Andere Art.* Brate die in Stücke geschnittenen Kürbisse. Verreibe dann im Mörser Pfeffer, Liebstöckel, Kümmel, Majoran, Zwiebel, lasse dies mit Wein, Fischlake und Öl aufkochen, binde mit (Schwitz-) Mehl und gib diese Sauce über die Kürbisse. **81**

h. *Andere Art, mit Huhn.* Koche die Kürbisstücke mit einem Suppenhuhn, hartschaligen Pfirsichen, Trüffeln, Pfeffer, Kümmel, Asant, Korianderstengeln, grüner Minze, Sellerieblättern, frischem Flöhkraut, Nelken, ferner mit Honig, Wein, Fischlake, Öl und Essig. **82**

Coloquinten koche mit Sesel, Asant, getrockneter Minze, Essig und Fischsauce. **83**

Gurken-Rezepte.

a. *Erste Art.* Koche die geschälten Gurken in einfacher oder in Weinlake und du wirst sie dann sehr zart finden und kein Aufstossen oder sonstige Beschwerden bekommen. **84**

b. *Andere Art.* Schäle und wasche die Gurken und koche sie mit gebrühten Schweine-Hirnchen, Kümmel, Honig, etwas Selleriesamen, Lake und Öl, binde die Sauce mit Eiern, streue Pfeffer darüber und serviere. **85**

c. *Andere Art.* Koche die Gurken mit Pfeffer, Flöhkraut, Honig und eingekochtem Most, Fischlake und Essig; bisweilen wird auch Asant dazu genommen. Ebenso verfährt man mit den sogenannten Peponen und Melonen. **86**

Malven, kleinblättrige, koche mit Wein- und Fischlake, Öl und Essig; grossblättrige mit Wein- und Salzlake, eingekochtem Most oder Wein und Pfeffer. **87**

Broccoli (Spargelkohl)-Rezepte.

a. *Koche das Gemüse* mit Kümmel, Salz, altem Wein, Öl, – wer will kann Pfeffer und Liebstöckel hinzugeben – sowie Minze, Raute, Koriander. Die Blätter koche mit Fischlake, dazu Wein und Öl. **88**

b. *Gebrühte Broccoli* schneide mitten durch und koche sie mit Koriander, Zwiebel, Kümmel, Pfeffer, eingedicktem Wein oder Most und etwas Öl. Alle Blätter verreibe und gib sie dazu. **89**

c. *Gebratene Broccoli* lege in den Kochtopf und gib Fischlake, Öl, Kümmel, Pfeifer, Lauch dazu, lasse durchschmoren und streue beim Servieren Pfeffer, Kümmel, Lauch und frischen Koriander gehackt darüber. **90**

d. *Broccoli* werden wie eben geschildert behandelt und mit gebrühtem Lauch gekocht. **91**

e. *Broccoli* behandle wie oben geschildert und koche sie mit frischen Oliven. **92**

f. *Broccoli* behandle nach obigen Rezepten und übergiesse sie mit gebrühten Speltgraupen, die mit Piniennüssen vermischt sind und koche sie durch. Traubenrosinen streue darüber. **93**

Lauch-Rezepte.

a. *Um Lauch* recht weich zu machen, koche ihn in Wasser mit Öl und einer Hand voll Salz. Dann nimm ihn heraus und serviere ihn mit einer Sauce aus Öl, Lake und ungemischtem Wein. **94**

b. *Wickele* die weissen Wurzelenden des *Lauch* in Kohlblätter, mache sie in glühenden Kohlen gar und serviere sie wie ad a. **95**

c. *Koche Lauch* im Kessel und serviere ihn wie ad a. **96**

d. *Brühe den Lauch* und serviere ihn mit der Sauce wie a, in welche reichlich weich gekochte, ungewürzte Bohnen gemischt sind. **97**

Mangold.

a. *Zerschneide das Gemüse,* koche es mit Lauch, Koriander, Kümmel, Traubenrosinen, Mehl und verarbeite die Brühe zu einer dicken Sauce. Beim Servieren trage noch eine Mischung von Fischlake, Öl und Essig mit auf. **98**

b. *Koche das Gemüse* und gib es mit Senf, etwas Essig gut übergossen zu Tisch. **99**

Pikante Kräuter. Binde Küchenkräuter in Sträusschen, befeuchte sie gut mit einer Mischung aus Fischlake, Öl und ungemischten Wein. Sie eignen sich gut zu Bratfischen. **100**

Rüben brüht man gut ab, drückt sie aus und kocht sie mit reichlich geriebenem Kümmel, etwas Raute, Asant, Honig, Essig, Fischlake, gekochtem Wein und etwas Öl oder man serviert sie (wie üblich vorbereitet und gekocht) mit Öl und Essig. **101**

Rettig serviert man mit gepfefferter Sauce, die man herstellt, indem man Pfeffer und Salzlake im Reibstein verarbeitet. **102**

Brei von Kräutern und Gemüse.

a. *Koche (allerlei) Küchenkräuter* in Wasser mit Natronzusatz weich, drücke sie aus, zerkleinere sie fein nnd verreibe den Brei mit Pfeffer, Liebstöckel, trockenem Pfefferkraut, Zwiebeln, Fischlake, Öl und Wein im Reibstein. **103**

b. *Koche eine Sellerieknolle* in Wasser mit Natronzusatz halbweich, nimm sie heraus, und schneide sie klein. Im Reibstein verreibe Pfeffer, Liebstöckel, Majoran,

Zwiebel, Fischlake und Öl. Alles dies lasse in einer Kasserolle aufkochen, gib dann den Sellerie und lasse ihn gar werden. **104**

c. *Koche Lattichblätter* mit Zwiebeln in Natronwasser weich, drücke sie aus und zerhacke sie fein. Im Mörser verreibe Pfeffer, Liebstöckel, Selleriesamen, trockene Minze, Zwiebel, Fischlake, Öl und Wein und mische dies mit dem Gemüsebrei. **105**

d. *Aufbewahrung solcher Breie.* Damit der Gemüsebrei nicht sauer wird, müssen alle Unreinigkeiten und fauligen Stengel etc. entfernt werden; man bedecke den Brei dann mit Absinth-Wasser. **106**

Feldkräuter geniesse als Salat roh mit Fischlake, Öl und Essig oder koche sie zu Gemüse mit Pfeffer, Kümmel und Mastixbeeren. **107**

Nessel kann man im Frühjahr gegen Unterleibsbeschwerden gemessen. **108**

Endivien-Salat fertige mit Salzlake, Öl und etwas zerschnittener Zwiebel als Frühlings-Salat. Im Winter giesse eine Sauce aus Honig und Essig darüber. **109**

Feldsalat geniesse mit Essig, etwas Lake und sauersüsser Würze zur Beförderung der Verdauung und Lösung von Blähungen. Achte darauf, dass der Salat nicht beschädigt wird. **110**

Kardendiesteln.

a. *Serviere gekocht* mit Salzlake, Oel und zerschnittenen harten Eiern. **111**

b. *Raute, Minze, Koriander, Fenchel,* verreibe grün, Pfeffer, Liebstöckel, Honig, Lake und Oel füge hinzu. Mit dieser Sauce serviere die gekochten Karden. **112**

c. *Koche die Karden* und gib sie mit Pfeffer, Kümmel, Salzlake und Öl auf die Tafel. **113**

Der Koch.

Ich bin ein Koch/für erbar Gäst/
Kan ich wol kochen auff das best/
Reiß/Pfeffer/ander gut Gemüß/
Vögel/Fisch/Sültzen/reß vnd süß/
Für den Bauwren vnd Handwercksmann/
Hirß/Gersten/Linsen/Erbeiß vnd Bon/
Rotseck/Würst/Suppen/Rübn vnd Kraut/
Darmit sie auch füllen jr Haut.

Holzschnitt von Jost Amman, Nürnberg 1568. Vers angeblich von Hans Sachs

Pilze und Schwämme.

a. *Schmore* sie mit Weinlake. **114**

b. *Brühe die Pilze* und koche sie mit Salz, Öl, ungemischtem Wein, gehacktem grünen Korianderkraut und ganzem Pfeffer. **115**

c. *Brühe die Pilze* und serviere sie mit folgender Sauce: Selleriesamen, Raute, Honig, Zwiebeln, Pfeffer, eingekochtem Most, Fischlake und etwas Öl verkoche gut und binde diese Flüssigkeit mit (Schwitz-) Mehl. Die Pilze müssen darin heiss werden, bestreue sie dann mit Pfeffer und trage sie auf. **116**

d. *Pilz-Soya.* Reibe Kümmel und Raute, gib Fischlake, etwas eingekochten Wein, Öl frischen Koriander und Lauch hinzu und lege die Pilze darin ein. Den sich bildenden Saft benutze all Würze. **117**

e. *Um Pilze lange zu bewahren,* koche sie mit Öl, Fischlake, Pfeffer, füge der Farbe wegen etwas eingekochten Most hinzu und lasse alles dick einkochen. **118**

f. *Netzwürstchen von Pilzen.* Brühe die Pilze, entferne alle ihre harten Teile, zerkleinere sie und verreibe sie mit gebrühter Speltgrütze, Eiern, Pfeffer und Lake. Aus dieser Farce mache kleine Würstchen, bestreue diese mit gehackten Piniennüssen und Pfeffer, wickle sie in Netzstücke und brate sie, indem du sie mit Weinlake besprengst. **119**

g. *Sättige die Pilze* mit Salzlake und Öl, brate sie dann, streue Pfeffer darüber und trage sie auf. **120**

Karotten oder Pastinaken.

a. *Schmore die Karotten* in Weinlake und bringe sie so auf den Tisch. **121**

b. *Salze die Karotten* und trage sie mit reinem Öl und Essig auf. **122**

c. *Brühe Karotten,* zerschneide sie und koche sie in einer Kümmelsauce nebst etwas Öl. Der Farbe wegen setze etwas eingekochten Most zu. **123**

Viertes Buch

Sülzen.

a. *Verreibe Pfeffer, Minze, Sellerie, trockenes Flöhkraut, Piniennüsse, Honig, Essig, Fischlake, Eidotter, frisches Wasser* zu einer Sauce. Dann gib ausgedrücktes, in Essigwasser geweichtes Brod in einen Kessel, füge weissen (frischen) Kuhkäse, kleingeschnittene Gurken, Pinienkerne und gehackte Zwiebeln, sowie die Leber von Hühnern dazu, lasse dies gut durchkochen, stelle es auf Eis, giesse, wenn erkaltet, die Sauce darüber und schicke es auf die Tafel. **124**

b. *Nach Apicius.* Gib in einen Reibstein Selleriesamen, trockenes Flöhkraut, trockene Minze, Ingwer, grüne Korianderstengel, entkernte Traubenrosinen, Honig, Essig und Wein, verreibe dies gut zu einer Sauce, Nun schütte in einen Kessel 3 Stück Picentinischen (Spelt-) Brodes, das (zerkleinerte) Fleisch eines Huhnes, die Drüsen eines jungen Ziegenbocks, frischen vestinischen Käse, Pinienkerne, zerkleinerte Gurken und gehackte Zwiebeln, lasse dies gut durchkochen und giesse die Sauce darüber. Wird mit Schnee umhäuft und so aufgetragen. **125**

c. *Andere Art.* Höhle ein Alezandrinisches Brod aus, tränke das Weiche mit Essigwasser und verreibe es im Mörser mit Pfeffer, Minze, Knoblauch, frischem Koriander, weissem gesalzenen Kuhkäse, Wasser und Öl. Wird mit Wein übergossen aufgetragen. **126**

Huhn mit Kräutern. Brühe Küchenkräuter verschiedenster Art, gib ein junges Huhn hinein, würze, wenn es beliebt, mit Fischlake und Öl und lasse es kochen. Dann verreibe Fischlake mit etwas Pfeffer, einem Nardenblatt, mische ein ganzes Ei unter den Brei und verarbeite das Ganze. Eine andere Sauce ist folgende: Verreibe Nardenblätter, soviel dem Geschmack entsprechen, mit einem Teil Kerbel, etwas Lorbeerbeere, 1/2 Kohlstengel und Blättern von frischem Koriander und löse die darin enthaltenen Säfte in einem in die glühende Asche gestellten Gefäss. Dann richte alles in einer Schüssel hübsch an, gib die Sauce darüber und trage es auf. **127**

Geflügel-Ragout. Nimm Malven, Lauch, Rüben oder Broccoli, brühe diese Gemüse und setze sie vermengt mit entbeintem und zerschnittenem Fleisch von Drosseln, Hühnern und Schwein auf und lasse dies kochen. Nun verreibe Pfeffer, Liebstöckel, 2 Teile alten Wein, 1 Teil Fischlake, 1 Teil Honig und etwas Öl im Reibstein und lasse es mit dem Ragout durchkochen. Unterdessen verklopfe Milch mit einem Ei, binde damit die Sauce und serviere, sobald sie dicklich geworden ist. **128**

Eierkuchen-Rezepte.

Mit Gehirn: Verreibe blanchierte Schweine-Hirnchen mit Pfeffer, Kümmel und Asant, vermische dies mit Salzlake, eingekochtem Wein, Milch und Eiern und mache es über schwachem Feuer oder über kochendem Wasser gar. **129**

Mit Pinienkernen und Nüssen. Röste Pinienkerne und Nüsse, verreibe sie mit Honig, Pfeffer, Fischlake, Milch, Eiern und etwas Öl und backe den Teig in der Pfanne. **130**

Mit Lattich. Verreibe einen Kopf Salat und koche ihn mit Pfeffer, Salzlake, eingekochtem Wein, Wasser und Öl, binde das Gericht mit Ei, streue Pfeffer darüber und serviere. **131**

Mit konservierten Kräutern. Nimm eingemachte Kräuter, reinige, wässere und koche sie, lasse sie wieder abkühlen und löse sie von einander. Dann koche vier gut geputzte Schweine-Hirnchen. Ferner verreibe im Mörser 6 Skrupel Pfeffer mit etwas Lake, gib die Gehirne hinein und verreibe wieder, füge dann die Kräuter hinzu und verreibe noch einmal unter Zusatz von 8 Eiern, etwas Lake, Wein und eingekochtem Most. Diesen Teig setze in einer Pfanne auf die heisse Asche. Sobald er gar ist, wird er mit Pfeffer überstreut und aufgetragen. **132**

Mit Feigendrosseln. Bereite ein Spargelpüree und treibe es durch ein Sieb. Ferner bereite Feigendrosseln wie üblich vor. Nun verreibe im Mörser 6 Skrupel Pfeffer mit Lake, Wein und eingekochtem Most und lasse dies im Kessel mit 3 Unzen Öl verkochen. Jetzt verklopfe in einer eingefetteten Pfanne 6 Eier mit Weinlake, mische das Spargelpüree und die Pfefferwürze gut darunter, lege die Drosseln hinein und lasse den Eierkuchen auf heisser Aschegarwerden. Wird mit Pfeffer überstreut und kalt aufgetragen. **133**

Mit Spargeln. In einen Reibstein gib die Kopfenden von Spargeln und verreibe sie mit Wein, Pfeffer, Liebstöckel, frischem Koriander, Bohnenkraut, Zwiebel, Lake und Öl. Diesen Brei schütte in eine eingefettete Pfanne, vermische ihn mit Eiern und setze die Pfanne aufs Feuer. Sobald die Omelette gar ist, streue Pfeffer über und serviere. **134**

Anmerkung des Originals. Ebenso mache man Eierkuchen mit Feldkräutern, Kümmel, Senf, Gurken, Kohl etc. Man kann nach Belieben auch das Fleisch von Fischen oder Hühnern darunter mischen. **135**

Mit Flieder (Hollunder-)Saft. Nimm Fliederbeeren, putze sie, koche sie mit Wasser und seihe den Saft durch ein Sieb in einen Kessel. Dazu gib 6 Skrupel mit Lake verriebenen Pfeffer, sowie je 1 Cyathum Wein, Lake, eingekochten Most und 4 Unzen Öl, lasse das Ganze auf heisser Asche aufkochen und gib dann 6 Eier hinzu. Sobald sie dick wird, überstreue die Masse mit Pfeffer und trage auf. Auch kalt zu geniessen. **136**

Mit Rosen. Von Rosenblättern entferne die unteren weissen Teile, gib sie in den Reibstein, giesse Lake dazu und verreibe. Dann mische diesen Brei mit 1/2 Cyathum Lake und treibe ihn durch ein Sieb. Nun putze 4 Hirne, verreibe sie mit 8 Skrupeln Pfeffer, gib den Rosenbrei, 8 verklopfte Eier, 1/2 Cyathum Wein und etwas Öl dazu, setze das Ganze in einer Pfanne auf heisse Asche, lasse es dick werden und serviere es mit Pfeffer bestreut. **137**

Pfannengericht-Rezepte.

Mit Kürbis. Reibe gebrühten Kürbis, gib ihn mit Kümmelgewürz und etwas Öl in eine Kasserolle, lasse durchkochen und auftragen. **138**

Mit Eperlans. Wasche und putze die Seestinte und lege sie in ein irdenes Gefäss mit Öl, Lake und Wein. Dann binde Rauten- und Majoranstengel in kleine Bündel, koche damit die Fische gar und serviere sie ohne die Kräuter, nur mit Pfeffer bestreut. **139**

Mit gebratenen oder gekochten Fischen. Das Fleisch von gebratenen oder gekochten Fischen hacke ganz fein. Davon nimm reichlich, gib dazu Pfeffer, der mit etwas Raute verrieben ist, genügend Lake und Öl, und mache davon mit verklopften Eiern eine gleichmässige Masse. Schliesslich lege locker Meernesseln darüber, die aber nicht den Teig berühren dürfen, und setze die Kasserolle auf heissen Dampf, damit die Eier stocken können. Ist dies geschehen, so streue Pfeffer über das Gericht und serviere. »Niemand wird herausfinden, was er isst,« sagt unser Original! 140

Auf reiche Art. Weiche alte Pinienkerne ein und trockne sie ab, frische bereite wie üblich vor. Dann lege in eine Kasserolle was folgt: Die Mittelstücke von Malven und Mangold, die weissen Stengelenden von Lauch, Sellerieblätter, ein bouquet garni von frischen Kräutern, ein junges Huhn, im eigenen Saft gekocht und in Stücke geschnitten, blanchierte Schweine-Gehirne, Bratwürstchen, hartgekochte halbierte Eier, in Scheiben geschnittene abgekochte dicke Würstchen von Schweinefleisch, Hühnerlebern, geriebenes Salzfischfleisch, Meernesseln, Austern und frischen Käse. Darüber streue Pinienkerne und ganzen Pfeffer. Nun bereite folgende Sauce; Pfeffer, Liebstöckel, Selleriesamen, Asant werden verkocht, und mit durchgeseihter Milch, in der Eier verklopft wurden, gemischt, dass eine gleichmässige dicke Flüssigkeit entsteht. Ist obiges Ragout mit dieser Sauce durchgekocht, so füge noch frische Seeigel hinzu, streue Pfeffer darüber und trage auf. 141

Nach Apicius. Schweins-Euter, Fischfleisch, Hühnerfleisch, Feigendrosseln und Krammetsvögelbrüste, alles gekocht und alles vom besten, zerschneide mit Ausnahme der Feigendrosseln in kleine Stücke und mische recht frische Eier und Öl darunter. Nun verreibe Pfeffer und Liebstöckel mit Lake, Wein und eingekochtem Most, schütte dies in einen Kessel mit den Fleischstückchen, lasse das Ganze gut durchkochen und fülle es dann nebst seinem Saft mit einem Schöpflöffel lagenweise in ein anderes Gefäss unter Zusatz von ganzem Pfeffer und Pinienkernen. Zwischen jede Lage kommt eine Brodteigdecke und auf jede Lage rechne einen Schöpflöffel voll Farce. Das Gefäss wird mit einer Lage Teig geschlossen, die mit einer Öffnung versehen ist. Streue, wenn beliebt, Pfeffer darüber. 142

Dasselbe, einfacher. Ohne Feigendrosseln oder Krammetsvögel. 143

Süss. Gesäuberte Pinienkerne, gehackte Nüsse und geröstete Traubenrosinen verreibe mit Honig, Milch, Eiern, altem Wein, Öl und etwas Lake und Pfeffer gut und koche es zu einem dicken Mus. **144**

Von Salzfischen. Eingesalzene Fische, gleichviel welcher Art, entgräte, brate sie in Öl und gib sie mit gekochten Gehirnen, Hühnerlebern, harten Eiern, weichem reifem Käse zerkleinert in eine Kasserolle, füge Pfeffer, Liebstöckel, Majoran, Rautenbeeren, dies gut verrieben, sowie Wein, Most und Öl hinzu, lasse das Ragout auf langsamem Feuer durchkochen, legiere es mit Eiern, richte es hübsch an, streue gehackten Kümmel darüber und serviere. **145**

Thunfisch-Klopse. Enthäute und entgräte die Fischstücke, schneide sie klein und verarbeite sie mit Pfeffer, Liebstöckel, Majoran, Petersilie, Koriander, Kümmel, Rautenbeeren, trockner Minze – dies alles fein gerieben – zu Klopsen, welche man in Wein, Lake und Öl gar kocht. Aus der Brühe mache mit Pfeffer, Liebstöckel, Boretsch, Zwiebel, Wein, Essig oder Fischlake und Öl eine Sauce, die du mit einem Ei bindest. Dann gib sie über die Klopse, streue Pfeffer darüber und trage auf. **146**

Brei von eingemachten Kräutern. Brühe die konservierten Kräuter mit Natronwasser, drücke sie aus und lege sie in eine Kasserolle. Verreibe dann Pfeffer, Liebstöckel, Koriander, Boretsch, Zwiebel, Wein, Lake, Essig und Öl zu Brei, gib diesen zu den Kräutern, lasse durchkochen, binde mit Schwitzmehl und serviere, nachdem man Pfeffer und Thymian fein gehackt darüber gestreut hat. Du kannst dieses von jedem beliebigen Kraut machen. **147**

Fischbouletten. Mische gekochtes Fischfleisch mit Ei und forme Klopse daraus. Dann bringe Fischlake, Wein und Öl zum Sieden, lege die Fischklopse hinein, wende sie, sobald sie auf einer Seite gar geworden sind, vorsichtig um, lasse sie schöne Farbe annehmen und serviere sie, mit Pfeffer bestreut und mit Weinlake übergossen. **148**

Brei mit Sardellen und Hirn. Verreibe harte Eier. Sodann brühe und putze Schweinehirn sowie Hühnerkröpfe und koche sie gar, hacke sie fein und gib sie mit den Eiern in eine Kasserolle. Die Sardellen koche und gib sie mit folgender Sauce dazu: Verreibe Pfeffer, Liebstöckel, eingekochten Wein oder Most – um es milder zu machen –, schütte diese Sauce in die Kasserolle, lasse das Gericht ins Kochen kommen, rühre mit einem Rautenzweig um und binde es mit Schwitzmehl. **149**

Frische Meerbarben zu kochen. Schuppe die Fische, lege sie in eine saubere Kasserolle, koche sie mit Wasser und Salzlake, schütte etwas Most oder eingekochten Wein darüber, streue Pfeffer über und serviere. **150**

Frische Fische aller Art zu braten. Schuppe und wasche die Fische, putze sie, trockne sie, bestreue sie mit Salz und brate sie in Öl, schütte Most in die Pfanne und rühre gut um, dass eine Sauce entsteht. **151**

Fische mit Zwiebeln zu braten. Fische, gleichviel welcher Art, schuppe und putze wie gewöhnlich. Dann hacke Schalotten oder gewöhnliche Zwiebeln, gib sie in die Bratpfanne, lege die Fische darauf, giesse etwas Öl und Lake dazu und lasse die Fische gar werden. Dann lege sie in die Mitte der Schüssel, gib etwas Essig und gehackte Saturei darüber und serviere. **152**

Zwiebelbrei nach Lucretius. Putze Zwiebeln, wirf das Grüne fort, schneide sie in einen Topf, gib etwas Fischlake, Öl und Wasser dazu, lasse kochen, salze, und wenn die Zwiebeln beinahe weich sind, gib je einen Löffel Honig, Essig und eingekochten Most dazu. Nun schmecke ab: ist es zu fade, so gib Lake, ist es zu salzig, so gib etwas Honig dazu, streue dann gehackte Saturei über und lasse noch einmal aufkochen. **153**

Omeletten mit Sardellen. Wasche und entgräte die Salzfische, vermische sie mit verklopften Eiern und setze dies mit Salzlake, Wein und Öl aufs Feuer. Sobald es gar geworden, giesse einfache Weinlake darüber, bestreue es mit Pfeffer und trage auf. **154**

Fische mit Eiersauce. Lege die Fische in ein Kochgeschirr und koche sie mit Öl, Lake, gekochtem Wein, einem Bündchen Lauch und Koriander. Unterdessen verreibe Pfeffer, Liebstöckel und Majoran mit etwas von der Lake der eingelegten Fische und mische diesen Brei mit rohen Eiern, schütte ihn dann in das Kochgeschirr, lasse das Gericht dicklich werden und trage es mit Pfeffer überstreut auf. **155**

Seezungen zuzubereiten. Seezungen (wie üblich vorbereitet und mürbe geklopft) lege in eine Kasserolle und übergiesse sie mit etwas Öl, Fischlake und Wein. Während sie schmoren, verreibe Pfeffer, Liebstöckel, Majoran mit etwas von der Fischsauce und rohen Eiern zu einer gleichmässigen Sauce, schütte diese über die schmorenden Fische und lasse sie auf langsamem Feuer eindicken. Dann serviere sie mit Pfeffer bestreut. **156**

Fischsauce. 1 Unze Pfeffer, 1/2 Unze Weinsauce, 1/2 Unze eingelegte Würzkräuter und 2 Unzen Öl. **157**

Kleinfische zu bereiten. Verkoche Traubenrosinen, Pfeffer, Liebstöckel, Majoran, Zwiebeln, Wein, Lake und Öl, lasse darin die Fischchen gar werden und binde die Sauce mit Schwitzmehl. **158**

Brassen, Doraden und Meeräschen zu bereiten. Bereite die Fische wie üblich vor und brate sie ab. Dann pflücke ihr Fleisch von den Gräten und bereite Austern vor. Nun gib in den Reibstein 6 Skrupel Pfeffer, verreibe diese mit Fischlake, gib ferner dazu noch ein Cyathum Fischlake, ebensoviel Wein und 3 Unzen Öl, reibe durch, schütte die Flüssigkeit in einen neuen Kessel und lasse aufkochen. Jetzt gib das Fischfleisch dazu, sowie reichlich verklopfte Eier und lasse auf langsamem Feuer das Ganze dick werden. Im letzten Moment gib die Austern hinein und serviere das Gericht, mit Pfeffer überstreut, sobald die Austern steif geworden sind. **159**

Seebarsch zu bereiten. Bereite den Fisch wie üblich vor und koche ihn in folgender Sauce: Verreibe Pfeffer, Kümmel, Petersilie, Raute, Zwiebel, Honig, Salzlake, eingekochten Wein und etwas Öl. **160**

Ariesbeeren mit Gehirn. Wasche die Beeren, zerstosse sie im Reibstein und treibe sie durch ein Sieb. Dann putze 4 gekochte Schweine-Hirne und verreibe sie im Mörser mit 8 Skrupel Pfeffer, Fischlake, dem Beerenbrei und 8 verklopften Eiern. Nun setze einen sauberen Kessel auf die Glut, gib die Masse hinein, lege auf den Deckel glühende Kohlen, und lasse den Teig gar werden. Dann serviere ihn, mit Pfeffer überstreut, kalt oder warm. **161**

Hartschalige Pfirsiche zu bereiten. Putze die Früchte, schneide sie in Stücke, brühe sie ab, lege sie in eine Kasserolle, gib Öl darüber, lasse sie darin weich schmoren und würze sie mit Kümmel. **162**

Quitten-Äpfel koche entweder mit Lauch, Honig, Salzlake, Öl und eingekochtem Most oder brühe sie ab und koche sie mit Honig. **163**

Birnen-Eierkuchen. Schäle und brühe Birnen, entferne das Kernhaus und verreibe sie mit Pfeffer, Kümmel, Honig eingekochtem Wein, Lake, etwas Öl, mische diesen Brei mit Eiern und backe eine Omelette davon. Vor dem Auftragen streue Pfeffer darüber. **164**

Nessel-Eierkuchen. Wasche Nesselstengel, treibe sie durch ein Sieb und verreibe den Brei mit Pfeffer und Fischlake. Dann gib noch 2 Cyathi Lake und 6 Unzen Öl hinzu, lasse die Flüssigkeit aufkochen und erkalten. Nun verklopfe in einer sauberen Pfanne 8 Eier, gib den Nesselbrei hinein und lasse die Omelette gar werden, indem die Pfanne in der Asche steht, und lege auch auf den Deckel glühende Kohlen. Wird vor dem Auftragen mit Pfeffer bestreut. **165**

Skorpionfische mit Rüben. Koche die wie üblich vorbereiteten und entgräteten Fische in Wasser mit

Salzlake und Öl so lange, bis die Brühe halb eingekocht ist. Dann brühe Wasserrüben, schneide sie recht klein und drücke mit den Händen alle Feuchtigkeit aus, mische sie dann mit dem Fisch und lasse die Masse mit reichlich Öl kochen, indem du eine halbe Lorbeerbeere, geriebenen Kümmel und der Farbe wegen Safran zusetzest. Dann binde das Gericht mit Reismehl, übergiesse es mit Weinlake und serviere. Man kann ein wenig Essig daran geben. **166**

Geschmorte Fische. Du kannst Fische aller Art nehmen. Zunächst verreibe Pfeffer, Koriandersamen, Asant, Majoran, Raute, Most, Essig, Öl, Fischlake, eingekochten Wein, schütte diese Sauce in einen Kessel, setze sie aufs Feuer und lasse sie tüchtig einkochen. Dann gib die Fische hinein, lasse sie langsam gar schmoren und serviere sie, mit Pfeffer überstreut.

Du kannst die Sauce auch ohne Asant machen, sowie ohne Majoran, Raute, Essig und Öl, gib dann aber Liebstöckel, Wein und Honig hinein und binde sie mit Reismehl. **167**

Bratfische. Fische beliebiger Art bereite wie üblich vor, brate sie in Öl und lasse sie trocknen. Verreibe Pfeffer, Liebstöckel, Saturei, Zwiebel, Essig, Most, Dill, Eidotter, Honig, Fischlake, Öl, eingekochten Wein zu einer Sauce und serviere die gebratenen Fische damit. **168**

Bratfische mit kalter Kräutersauce. Bereite eine Sauce aus Pfeffer, Liebstöckel, Raute, grünen Kräutern und Zwiebeln – alles fein gehackt – vermische sie mit Öl und Essig und serviere damit geröstete Fische jeder Art. **169**

Würzfische. Bereite aus Pfeffer, Liebstöckelsamen, Majoran, Zwiebeln, gekochtem Eidotter, Essig und Öl – alles gut zusammen gerieben – eine Marinade, in die du kleinere, wie üblich geputzte Fische einlegst und zugedeckt an kühlem Ort aufbewahrst. **170**

Gekochte Fische mit pikanter

Sauce. Fische beliebiger Art putze wie üblich, koche sie mit Öl, Salzlake, Wein, Lauch und Korianderstengeln gar und nimm sie heraus. Nun gib Pfeffer, Majoran, Liebstöckel und abgebrühte Kräuterstengel – alles fein gerieben – in die Sauce, koche durch, binde die Sauce mit Schwitzmehl, lasse die Fische darin wieder heiss werden und serviere sie mit Pfeffer überstreut. **171**

Meerbarben in Sauce. Schuppe die Fische, putze sie wie üblich und koche sie mit Öl, Lake, Wein, Lauch und Korianderstengeln. Im Reibstein verreibe Pfeffer mit Öl, etwas Essig, Wein, eingekochten Most, gib dies in ein anderes Gefäss, lasse es aufkochen, binde es mit Schwitz-Mehl, verkoche es mit Fleischbrühe, lasse den Fisch darin heiss werden und bestreue ihn mit Pfeffer. Der Essig kann auch fortbleiben. **172**

Muränen oder Aale zuzubereiten. Putze die Fische wie üblich und lege sie vorsichtig in ein Kochgefäss. Dann verreibe im Mörser Pfeffer, Liebstöckel, Majoran, Minze, Zwiebeln und giesse darüber 1 Teil Wein, halb soviel Lake, den dritten Teil Honig und etwas gekochten Most des Wohlgeschmackes wegen. Diese Flüssigkeit gib über die Fische und lasse kochen, bis nur noch wenig Saft übrig ist, der als Sauce dient. **173**

Meerkrebse und -Spinnen. Koche in einer Sauce aus Pfeffer, Liebstöckel, Selleriesamen mit Essig, Fischlake und Eidotter gut vermischt. **174**

Gekochte Fische mit kalter Sauce serviere mit einer kalten Sauce aus Pfeffer, Liebstöckel, Selleriesamen, Majoran, Pinienkernen und Senf mit Essig, genügend eingekochtem Most, Honig und Fischlake innig verrieben. **175**

Pürees und Ragouts.

Von Fischen. Koche wie üblich vorbereitete Fische mit Lake, Öl, Wein, zerschnittenen Porreewurzelenden, Korianderstengeln und

Meernesseln. Dann nimm die Fische heraus, löse das Fleisch von den Gräten, zerkleinere es wie zu Krokettes und schütte es in ein anderes Gefäss. Nun verreibe Pfeffer, Liebstöckel, Majoran gut mit einander, fülle mit Fischlake und der eben gekochten Fischbrühe auf, giesse dies zu dem Fischfleisch, lasse es aufkochen, binde die Masse und verarbeite sie zu Püree. Mit Pfeffer überstreuen und servieren. **176**

Nach tarentinischer Art. Ebenso mit etwas eingekochtem Most, statt Fischen mit Hühnern. **177**

Nach Apicius. Ebenso mit Fischen, den Testikeln von Kapaunen und Schweinekamm. **178**

Nach Matius. Ebenso mit Äpfeln und Schweinebrustspitze. **179**

Süss-sauer. Ebenso mit Schweinebrust und Kürbis. **180**

Von Frühpfirsichen. Schütte in den Kessel Öl, Lake, Wein, schneide Schalotten hinein und lasse hierin eine Schweinebrustspitze, klein geschnitten, aufkochen. Dann verreibe Pfeffer, Kümmel, trockene Minze und Dill mit Honig, Fischlake, eingekochtem Most, etwas Essig und der erstgekochten Brühe, schütte dann das Schweinefleisch hinein, gib entkernte Frühpfirsiche dazu, lasse alles gut durchkochen, binde die Sauce und serviere mit Pfeffer überstreut. **181**

Nach Jägerart. Mit Schweinebrust und Lebern und Lungen von Hasen. Brühe von Wein, Öl und Most mit Lauch, Pfeffer, Liebstöckel und Majoran verkocht. **182**

Von Rosen. Mit Rosenblättern, von denen der untere weisse Teil entfernt wurde, aber mit einem grösseren Zusatz von eingekochtem süssen Wein. **183**

Tisane von Gerste. Tags zuvor eingeweichte Gerste wird zerquetscht und mit Wasser aufs Feuer gesetzt. Nachdem sie etwas gekocht hat, gib genügend Öl, ein wenig Dill, eine

Zwiebel, Flöhkraut, Koriander, gemahlenes Salz, Saturei hinzu und lasse diese Ingredienzen mitkochen. Wenn es gut durchgekocht ist, nimm die Kräuter heraus und seihe den Saft in ein anderes Gefäss, damit er sich nicht festsetzt und anbrennt. Dann setze man noch Pfeffer, Liebstöckel, etwas Flöhkraut, Kümmel und Asant – alles fein mit Essig, gekochtem Most und Fischlake vermischt – hinzu und lasse das Ganze auf langsamem Feuer fertig werden. **184**

Pikanter Gemüsebrei. Weiche tags zuvor Kichererbsen, Linsen und Erbsen ein, zerquetsche sie und lasse sie mit frischem Gemüse kochen. Sobald alles gut durchgekocht ist, gib genügend Öl und Lauch, Koriander, Dill, Fenchel, Mangold, Malven, gebrühten Spargelkohl (Broccoli), Majoran, Asant, Liebstöckel – alles gut verrieben und mit Fischlake getränkt – über den Leguminosenbrei und garniere mit Broccolistücken. **185**

Rezepte für Appetit-Reizungen.

Drossel-Ragout. Zerschneide weisse Rüben, frischen Lauch, Sellerieknollen, brühe davon einige Kochlöffel voll. Dann koche Hühnerhälse und zerschnittene Drosseln wie üblich, gib dies Fleisch in eine Kasserolle, lege einige Malvenblätter darüber und schütte die zerkleinerten Gemüse dazu. Hierauf lasse man einige Kochlöffel kleingeschnittene Damaskus-Pflaumen und zerschnittene Bratwürstchen mit Fischlake, Öl, Wein aufkochen. Wenn es gekocht hat, verreibe Pfeffer, Liebstöckel, Ingwer und ein wenig Bertram, gib es in die Kasserolle und lasse wieder aufkochen. Dann gib mehrere verklopfte Eier und was etwa noch vom Saft im Reibstein übrig geblieben ist, hinzu und lasse das Gericht dick werden. Folgende Sauce mache dazu: Verreibe Pfeffer und Liebstöckel mit Fischlake und Wein, gib etwas Mehl oder süssen Wein und Öl dazu, lasse durchkochen und binde die Sauce mit Schwitzmehl. Dann gib sie über das Ragout, streue auch

Pfeffer darüber, stelle die Schüssel auf eine Servierplatte und trage sie so auf. **186**

Geflügelragout mit Leber und Spitzbeinen. Koche Schweineleber und Spitzbeine und zerschnittene kleine Vögel mit Zwiebeln, Fischlake, Öl und Wein. Dann verreibe Pfeffer und Liebstöckel gut mit Lake, Wein und wegen des milden Geschmacks mit etwas eingekochtem Most, fülle von der erst gekochten Brühe darüber, gib diesen würzigen Brei wieder zu dem Fleisch, lass alles wieder aufkochen und binde es im rechten Moment mit Schwitzmehl. **187**

Gefüllte Kürbisse. Man schneide vorsichtig aus den kleinen Kürbissen der Länge nach eine Spalte heraus, höhle sie durch die entstandene Öffnung aus und stelle die Kürbisse auf Eis ein wenig kühl. Nun mache man folgende Füllung: Verreibe zunächst Pfeffer, Liebstöckel, Majoran, Fischlake, gekochte Schweinehirne und verklopfe acht Eier innig zu einer einheitlichen Masse. Mit dieser fülle man die nicht ganz weich gekochten Kürbisse und setze die ausgeschnittene Scheibe wieder ein, sie dadurch schliessend; dann koche man die Kürbisse gar und lasse sie erkalten. Pikante Weinsauce dazu: Verreibe Pfeffer, Liebstöckel mit Wein, Fischlake, eingedicktem Most und etwas Öl. Dies lasse man gut durchkochen, binde es mit Schwitzmehl und streue Pfeffer darüber. **188**

Kompott von Pfirsichen. Entkerne und schäle frühreife Früchte und lege sie in eine Kasserolle. Dann verreibe Pfeffer, trockene Minze, Honig, eingekochten Most, Wein und Essig, und giesse dies über die Früchte, füge noch ein wenig Öl hinzu, lasse auf langsamem Feuer kochen. Sobald die Früchte gar sind, binde die Flüssigkeit mit Schwitzmehl und trage auf. **189**

Fünftes Buch

Brei- und Suppenrezepte.

Nach Julianischer Art. Lasse gereinigtes Speltmehl mit Wasser aufkochen und unter fleissigem Rühren dick werden. Nun verreibe 2 gekochte Schweine-Hirne mit 1/2 Pfund gehacktem Schweinefleisch und gebe diese Masse in einen Kessel. Dann verreibe Pfeffer, Liebstöckel und Fenchelsamen mit Lake und etwas Wein, schütte es auf die Gehirnfarce, lasse es gut durchkochen, gib noch etwas Brühe dazu und mische nun nach und nach den Mehlbrei mit der Kelle darunter. Der Brei muss ungefähr die Konsistenz von Saft haben. **190**

Mit Weinlake gekocht. Vermische gekochtes Gerstenmehl oder Speltmehl mit Weinlake, lasse es mit zerschnittenem Schweinefleisch durchkochen und schmecke es dann nochmals mit Weinlake ab. **191**

Mit Milch und Brod. Gib in einen neuen Kessel ein Sextarium Milch und etwas Wasser und lasse auf langsamem Feuer aufkochen. Dann bröckele 3 trockene Brodscheiben hinein. Giesse, damit der Brei nicht anbrennt, etwas Wasser zu und setze ihn nochmals auf das Feuer, damit er durchkocht wie er sein soll. Nach Geschmack Salz und Öl zusetzen oder Honig und Most. **192**

Linsensuppe mit Pilzen. Setze zunächst enthülste Linsen mit Salzwasser auf, dann verreibe im Reibstein Pfeffer, Kümmel, sowie Samen von Koriander, Minze, Raute, Flöhkraut, füge Essig, Honig, Fischlake und eingekochten Most dazu, verrühre gut und schütte die Sauce zu den Linsen. Nun brühe Pilze und Schwämme, säubere sie gut, zerkleinere sie, gib sie auch in den Kessel, und lasse die Suppe gut durch- und einkochen. Zum Schluss gib noch frisches Öl dazu. **193**

Linsensuppe mit Kastanien. Zunächst lasse Linsen in Salzwasser kochen. Dann schäle und verreibe Maronen sehr gut und setze sie mit etwas Natron aufs Feuer. Während sie kochen, verreibe Pfeffer, Kümmel, sowie Samen von Koriander, Raute, Minze, Flöhkraut, Asant gut mit Essig, Honig und Fischlake, schütte diese Flüssigkeit zu den Kastanien, lasse sie weich kochen, nimm sie dann heraus, zerstampfe sie im Mörser, lasse den Brei mit den Linsen kochen und schmecke die Suppe gut ab. Fehlt etwas von Gewürzen, so gib es nachträglich hinein und füge, bevor die Terrine gefüllt wird, frisches Öl hinzu. **194**

Linsensuppe mit Kräutern. Lasse Linsen in Salzwasser kochen, schäume ab und gib grüne Lauch- und Korianderstengel, Asant, sowie Samen von Koriander, Flöhkraut, Minze und Raute, alles zerrieben, nebst Essig, Honig und Fischlake dazu, schmecke mit eingekochtem Most ab, setze Öl zu und rühre gut um. Wenn nötig, binde die Suppe mit Mehl. Beim Auftragen streue Pfeffer darüber. **195**

Erbsensuppe. Koche Erbsen mit Wasser, schäume ab und gib Lauch, Koriander und Kümmel daran. Dann verreibe Pfeffer, Liebstöckel, Kümmel, Dill, grüne Basilikumstengel mit Fischlake und Wein, gib es zu der Erbsenbrühe, rühre um und lasse die Suppe durchkochen. **196**

Panache von Erbsen. Setze Erbsen mit Wasser auf, gib etwas Öl, sowie ein Stück Schweinebauch, Lauch, grüne Korianderstengel und Salzlake dazu und lasse kochen. Dann schneide das Bauchfleisch in kleine Würfel und ebenso gekochte Krammetsvögel oder andere Kleinvögel oder Hühner, sowie beinahe gar gekochte Schweinehirne. Endlich brate Würstchen, koche Speck mit viel Lauch und Lake, und röste ein halbes Pfund Pinienkerne. Ferner reibe Pfeffer, Majoran, Ingwer und schütte dies in die Bauchfleischbrühe und lasse sie etwas damit einkochen. Nun nimm einen Henkeltopf der sich bequem stürzen lässt, lege ihn mit Gekrösefett aus, benetze mit reichlich Öl, streue Pinienkerne darüber und breite darauf eine den ganzen Boden des Gefässes bedeckende Lage Erbsenbrei aus, darüber eine Lage Speck, Fleisch, Lauch und Würstchen, alles zerschnitten. Darauf kommen wieder Erbsen usw., bis der Topf oben mit einer Lage Erbsen zugedeckt wird. Dies lasse im Ofen oder auf langsamem Feuer durchschmoren. Wenn das Gericht gut ist, stürze es auf eine Schüssel aus und übergiesse es mit sogenannter weisser Sauce, die nach folgendem Rezept hergestellt wird: Nimm von harten Eiern nur die Dotter, verreibe sie im Mörser mit weissem Pfeffer, Pinienkernen, Honig, Weisswein und etwas Lake und lasse dies durchkochen. **197**

Indische oder schwarze Erbsensuppe. Koche Erbsen wie üblich, schäume sie ab, gib dann Lauch und Koriander dazu und lasse dann wieder kochen. Nun zerschneide Tintenfische lebend in Stücke und lasse sie mit ihrem schwarzen Saft, Öl, Fischlake, Wein und ein paar Stengeln Lauch und Koriander kochen. Inzwischen verreibe Pfeffer, Liebstöckel, Majoran und Kümmel, fülle von der Sepia-Brühe darüber und schmecke mit Wein und einigen Tropfen Most ab. Die gekochten Tintenfischstücke schneide ganz klein und gib sie mit etwas von ihrer Sauce zu den Erbsen, lasse aufkochen, streue Pfeffer darüber und trage auf. **198**

Kaltes Erbsenpüree mit Vinaigrette. Koche die Erbsen wie gewöhnlich, lasse sie recht dick werden und erkalten. Inzwischen hacke Zwiebeln mit hartgekochtem Eiweiss fein, verrühre Oel, Salz und Essig damit, färbe die Sauce mit Rotwein und serviere sie zu dem Erbsenpüree. **199**

Vitellius-Suppe. Koche Erbsen oder Puffbohnen wie gewöhnlich. Inzwischen verreibe im Mörser Pfeffer, Liebstöckel, Ingwer, hartgekochtes Eigelb, 3 Unzen Honig, Lake, Wein, Öl und Essig, würze mit dieser Mischung die gekochten Hülsenfrüchte, schmecke die Suppe ab, mildere sie, wenn zu strenge, mit Honig, und trage sie auf. **200**

Vitellius-Suppe auf andere Art. Die Hülsenfrüchte werden mit Lauch, Koriander und Malvenblüten gekocht. Die Würze besteht aus Pfeffer, Liebstöckel, Majoran, Fenchel, Lake, Öl und Wein. Beim Auftragen wird nochmals frisches Öl übergegossen. **201**

Erbsen- oder Bohnensuppe mit Schweinefleisch. Die Hülsenfrüchte wie üblich kochen, mit einer Mischung aus Pfeffer, Lake, Honig, Most, Öl, Wein, Kümmel, Raute, Selleriesamen würzen und mit kleingeschnittenem, gekochtem Schweinefleisch auftragen. **202**

Wie vor, einfach. Die Hülsenfrüchte koche wie üblich. Würze sie mit persischem Asant, Salzlake und Most und setze etwas Öl hinzu. **203**

Wie vor, auf reiche Art. Koche Erbsen wie üblich und gib Schweinehirne, oder die von den Knochen gelösten Brüstchen von Drosseln oder anderen kleinen Vögeln, Knackwürstchen, Lebern und Hühnerkröpfe, sowie Lake, Öl und etwas Lauch ohne das Grüne, geriebenen Pfeffer und Liebstöckel dazu. Die Gehirne werden vorher mit Koriander gekocht. **204**

Suppe von ungeschälten Bohnen. Koche die Bohnen wie üblich, verreibe Pfeffer, Liebstöckel, Kümmel, frische Korianderstengel mit Wein und Lake, lasse dieses mit den Bohnen kochen, gib Öl dazu und vollende die Suppe auf langsamem Feuer. **205**

Dicke Erbsen nach Apicius. Mus von ungeschälten Erbsen mit Knackwürstchen, Schweinefleisch und Speck, alles zerschnitten, und den üblichen Gewürzen koche dick ein, übergiesse es mit Öl und stich es häufig, damit das Öl einziehen kann. Auf langsamem Feuer vollende das Gericht und trage es recht heiss auf. **206**

Einfaches Erbsenmus. Koche Erbsen wie gewöhnlich mit frischem Lauch und Koriander und schäume ab. Inzwischen verreibe Pfeffer, Liebstöckelkraut und einige Majoranstengel im eigenen Saft, gib Lake und Wein dazu, schütte diese Würze in den Kessel, giesse Öl dazu und vollende das Mus auf langsamem Feuer. **207**

Erbsenmus nach Commodus Antonius. Wie vor. Zu den Würzkräutern kommt noch Dill und Zwiebeln und zum Schluss bindet man das ganze Gericht mit 4 ganzen Eiern. **208**

Erbsenmus mit Huhn. Bereite ein Huhn wie üblich vor, zerschneide es und koche es in Wasser mit Lake, Öl und Wein, gib dazu zerschnittene Zwiebeln und Koriander und ein gut geputztes Schweinehirn. Ist alles gar, so entferne die Hühnerknochen. Treibe durch ein Sieb ungewürzte, weich gekochte Erbsen in einen anderen Kessel, gib das Hühnerfleisch dazu, würze mit zerriebenem Pfeffer und Kümmel, fülle etwas Hühnerbrühe und 2 verklopfte Eier darüber, bedecke das Gericht mit ganzen dickgekochten Erbsen und lasse es auf langsamem Feuer heiss werden. Wird mit Pinienkernen belegt. **209**

Huhn mit Erbsenfüllung. Entferne von einem wie üblich vorbereitetem Huhn den Brustknochen, strecke die Keulen und binde sie an Stöcken fest. Nun bereite folgenden

Teig: Vermenge Erbsenmus mit Hirn und Wurstfleisch, verreibe Pfeffer, Liebstöckel, Majoran und Ingwer mit Lake, eingekochtem Most und Wein, lasse diese Mischung aufkochen und würze mit nicht zuviel davon das vorher bereitete Erbsenmus. Mit dieser Masse fülle nun ein Huhn, wickle es in ein Schweinenetz, lege es auf ein Backblech und lasse es im Ofen langsam gar werden. **210**

Grüne Puff-Bohnen koche in Wasser mit Lake, Öl, frischem Koriander, Kümmel und zerschnittenem Lauch. Oder röste sie und serviere sie mit Salzlake. Oder: Röste sie und serviere sie mit einer Sauce aus geriebenem Senf, Honig, Pinienkernen, Kümmel und Essig. **211**

Schneidebohnen. Grüne Bajä-Bohnen schnitzle ganz fein und koche sie mit Raute, Sellerieblättern, Lauch, Essig, Öl, Salzlake, Most und etwas eingekochtem Wein. **212**

Grüne Bohnen und Schoten werden roh mit Salz, Kümmel, Öl und etwas ungemischtem Wein genossen. **213**

Oder: Röste sie und gib sie mit Weinlake und Pfeffer zu Tisch. **214**

Oder: Brühe sie ab, entferne die Kerne und serviere sie mit harten Eiern und einer Sauce aus grünem Fenchel, Pfeffer, Salzlake und Mehl. **215**

Du kannst sie, wenn du willst, auch noch einfacher, ganz ohne Gewürz, anrichten. **216**

Hornklee wird als Salat mit Salzlake und Öl genossen. **217**

Sechstes Buch

Strauss zu kochen. Bereite einen Sud aus Wasser mit Pfeffer, Minze, Kümmel, Selleriesamen, Dattelkernen oder Gewürznelken, gib etwas Kraft- (Schwitz-)Mehl dazu, lass die Fleischstücke darin gar kochen und serviere sie mit Pfeffer bestreut.

Willst du aber ein kräftiges Ragout kochen, so füge Speltgraupen hinzu. Auch mit Pfeffer, Liebstöckel, Thymian oder Bohnenkraut, Honig, Senf, Essig, Lake und Öl kann man Straussfleisch kochen. **218**

Kranich, Ente und Hühner. Wasche und putze den Vogel, lege ihn in einen Topf, gib Wasser sowie Salz und Dill dazu und lasse die Brühe halb auskochen, das Fleisch muss aber noch zart bleiben. Dann nimm den Vogel heraus, säubere ihn von anhaftendem Suppengrün und gib ihn mit Öl, Lake und einem Bündchen Majoran und Koriander in einen anderen Topf, lasse ihn kochen und füge, wenn er bald gar ist, etwas eingedickten Most zur Färbung hinzu. Nun verreibe Pfeffer, Liebstöckel, Kümmel, Koriander, Asant, Raute, alten Wein, Honig mit etwas Brühe und Essig, gib diese Würze zu dem Vogel in den Topf, lasse das Ganze heiss werden und binde die Sauce mit Schwitzmehl. Richte das Fleisch auf der Servierschüssel an und giesse die Sauce darüber.

Man kann auch dies Geflügel mit Pfeffer, Zwiebel, Liebstöckel, Kümmel, Selleriesamen, entsteinten Damaszener Pflaumen, Mostkuchen, Lake, eingekochtem Wein und Öl kochen. **219**

Anmerkung des Originals. Wenn du einen Kranich kochst, so siehe zu, dass sein Kopf nicht in die Brühe taucht, sondern aussen bleibt. Ist er weich und gar, so wickle den Kopf in ein Tuch und reisse ihn ab. Damit ziehen sich alle Sehnen etc. heraus, die man nicht zerkauen kann, und nur Fleisch und Knochen bleiben übrig. **220**

Kranich oder Ente mit Rüben. Koche das wie üblich vorbereitete Geflügel nebst den Rüben in Salzwasser mit Dill. Ist es halb gar, so nimm die Rüben heraus, lasse sie abdampfen und wasche sie nochmals. Dann gib das Geflügel mit Öl, Lake nebst einem Bündchen Lauch und Koriander in einen anderen Topf, schütte die inzwischen kleingeschnittenen Rüben darüber, lasse kochen und gib, wenn das Fleisch bald gar ist, zur Färbung etwas eingekochten Most hinzu. Nun verreibe im Mörser Pfeffer, Kümmel, Koriander, Asant mit Essig und Brühe, gib diese Würze auch in den Topf und lasse das Ganze aufkochen. Binde aber die Sauce dann mit Kraft-(Schwitz-)Mehl, gib sie mit den Rüben über das auf einer Servierschüssel angerichtete Geflügel und streue Pfeffer darüber. **221**

Andere Sauce für gekochten Kranich und Ente. Verreibe Pfeffer, Liebstöckel, Majoran, Kümmel, Koriander, getrocknete Minze, Pinienkerne, Gewürznelken mit Salzlake, Öl, Honig, Senf und Wein. Auch Selleriesamen und Raute können noch hinzugenommen werden. Die Sauce kann auch für gebratenen Kranich etc. dienen. **222**

Sauce für gebratenen Kranich usw. Verreibe Pfeffer, Liebstöckel, Majoran, füge Lake, Honig, etwas Essig und Öl dazu, lass es gut durchkochen, gib Kraftmehl hinein und Scheiben von gekochten Kürbissen oder Wasserrosenwurzeln, und schliesslich Schweinefüsse und Hühnerlebern. Damit richte das Geflügel an und streue gekochten Pfeffer darüber. **223**

Rebhühner, Haselhühner und Turteltauben tauche man mit ihren Federn in kochendes Wasser und rupfe sie dann. Man kann diese Vögel zerlegen und im eigenen Safte dämpfen. Bleiben sie hart, so muss man sie nochmals kochen und ein pikantes Ragout daraus machen. **224**

Sauce für Rebhuhn, Haselhühner und Turteltauben kocht man aus zerriebenem Pfeffer, Liebstöckel, Selleriesamen, Minze, Myrtenbeeren oder Traubenrosinen, Honig, Wein, Essig, Salzlake und Öl. Diese Sauce wird kalt gegeben. **225**

Andere Sauce für Rebhuhn etc. mache man aus Salzlake, ungemischtem Wein und Öl, verriebenem Pfeffer, Liebstöckel, Minze und Rautensamen. Diese Sauce wird warm gegeben. **226**

Gemästete Holztauben und Feldtauben bratet man und serviert sie mit folgender Sauce: Verreibe Pfeffer, Liebstöckel, Koriander, Schwarzkümmel, Zwiebel, Minze, Eigelb und Gewürznelken mit Honig, Essig, Lake, Öl und Wein. **227**

Sauce für dies Geflügel, gekocht, mache aus Pfeffer, Kümmel, Selleriesamen, Petersilie, Zwiebelpfeffer, Nelken, verrieben und gemischt mit Honig, Essig, Wein und Senf. Auch frischen Asant, Raute und Pinienkerne kann man noch dazu nehmen. **228**

Drosseln, Pfau, Fasan und sonstige Vögel kocht und serviert man in Tunken aus folgenden Ingredienzen:

1. Pfeffer, Kümmel, Liebstöckel, Minze, entkernte Traubenrosinen oder Damaszener Pflaumen, etwas Honig, mit Myrtenwein anfeuchten, mit Essig, Lake, Öl warm machen und mit Sellerie und Bohnenkraut durchkochen. **229**

2. Verreibe Pfeffer, Liebstöckel, Petersilie, trockene Minze, Dillblüten mit Wein, gib pontische oder andere geröstete Mandeln, etwas Honig, sowie Wein, Essig, Lake und Öl dazu, lasse heiss werden, rühre mit grünem Sellerie- und Feldpoleiblättern um und koche das zerschnittene Geflügel mit. **230**

Weisse Sauce für gekochtes Geflügel mache man aus Pfeffer, Liebstöckel, Kümmel, Selleriesamen, gerösteten Mandeln oder Nüssen, im Reibstein verrieben und mit Honig, Salzlake, Essig und Öl gemischt. **231**

Grüne Geflügel-Sauce mache man aus Pfeffer, Kümmel, Narde, Lorbeer, frischen Kräutern, Datteln, Honig, Essig, Wein, Lake und Öl. **232**

Weisse Sauce für gekochte Gans besteht aus Pfeffer, Kümmel, Selleriesamen, Thymian, Zwiebel, Asant, gerösteten Nüssen, Honig, Essig, Salzlake, und Öl. **233**

Starkriechende Vögel aller Art koche in einem Sud aus Wasser mit Pfeffer, Liebstöckel, Thymian, trockener Minze, Sellerie, Nelken, Honig, Essig, Wein, Salzlake, Öl, eingekochtem Most und Senf. Doch werden sie saftiger und wohlschmeckender, und bleiben fetter, wenn du sie mit Mehlteig in den du Öl hineingearbeitet hast, umhüllst und in den Ofen schiebst Es empfiehlt sich auch, die Vögel mit zerschnittenen frischen Oliven zu füllen und diese vor dem Anrichten zu entfernen. **234**

Flamingo und Pagageien brühe, wasche und putze wie üblich, lege sie dann in einen Kessel, gib Wasser, Salz, Dill und etwas Essig dazu. Ist das Fleisch halb weich, so lege noch ein Bündchen Lauch und Koriander in den Kessel und kurz vor Beendigung der Kochung färbe die Brühe mit eingekochtem Most. Nun verreibe im Mörser Pfeffer Kümmel, Koriander, Asantwurzel,

Minze, Raute, Nelken mit Essig und Brühe, schütte diese Würze zu dem Geflügel und binde die Sauce mit Kraft-(Schwitz-) Mehl. **235**

Sauce für gebratene Flamingos und Papageien bereite aus Pfeffer, Liebstöckel, Selleriesamen, Sesam, Petersilie, Minze, Zwiebel, Nelken, Honig, Wein, Lake, Essig, Öl und eingekochtem Most. **236**

Anmerkung des Originals. Alle Vögel werden zuerst mit Federn gebrüht, dann gerupft und dann erst durch die Gurgel ausgenommen. Sie werden so am wenigsten weichlich und werden besser sein selbst als die, die man in Töpfen abhängen lässt. **237**

Gekochte Gans, kalt, mit Apicius-Sauce. Koche eine Gans wie gewöhnlich und lasse sie auskühlen. Inzwischen bereite eine Sauce aus Pfeffer, Liebstöckel, Koriander, Minze, Raute und verreibe sie mit Lake und etwas Öl. Trockne die heisse Gans mit reinem Tuch ab und schütte die Sauce darüber. **238**

Vinaigrette für gekochte Hühner. Verreibe im Mörser Dillsamen, trockene Minze, Cayennewurzel, Nelken und Senf mit Essig, Lake und Öl, mildere die Schärfe der Sauce mit eingekochtem Most und gib sie zu einem mit Dill gekochten Huhn. **239**

Gebeiztes Huhn, gebraten. Koche ein Huhn wie gewöhnlich, trockne es sauber ab und mache häufige Einschnitte in sein Fleisch. Nun mische etwas Honig mit Salzlake und fülle diese Flüssigkeit in die Einschnitte. Sobald sich das Hühnerfleisch recht voll gesogen hat, brate es und serviere es mit seinem eigenen Safte übergossen, mit Pfeffer überstreut. **240**

Huhn auf persische Art. Nimm ein wie üblich vorbereitetes Huhn vom After aus und lege es in eine Marinade, bestehend aus Salzlake und Wein mit Pfeffer, Liebstöckel, Kümmel und Asantkraut. Ist es gut durchzogen, so koche es unter Zugabe von etwas Weinlake und serviere es mit Pfeffer überstreut. **241**

Pikante Sauce für Hühner bereite aus einem grossen Becher Öl, einem kleinen Becher Salzlake, 6 Skrupel Pfeffer und einem Sträusschen Petersilie und Lauch. **242**

Huhn auf numidische Art. Bereite das Huhn wie üblich vor, brühe, putze und wasche es, bestreue es mit Asant und Pfeffer und brate es. Nun verreibe Pfeffer, Kümmel, Koriandersamen, Asantwurze-, Raute, Nelken, Pinienkerne, und gib Essig, Honig, Salzlake und Öl dazu, lass dies aufkochen und binde es mit Mehl, übergiesse mit der Sauce das Huhn, streue Pfeffer darüber und serviere. **243**

Kräutersauce für kalte Hühner. Verreibe im Mörser Pfeffer, Kümmel, etwas Thymian, Fenchelsamen, Minze, Raute, Asantwurzel und Nelken, gib Essig, Honig, Lake und Öl dazu und trage mit dieser Sauce ein einfach abgekochtes, ausgekühltes und abgetrocknetes Huhn auf. **244**

Gekochtes Huhn mit Kürbis- oder Wasserrosenwurzelscheiben bereite genau wie für Kranich und Ente angegeben, und nimm noch etwas Senf dazu. **245**

Huhn mit Graupen oder mit eingesalzenen Oliven. Man koche das Huhn vorsichtig. Damit der Topf nicht springt, lasse man genügend Spielraum und lege das Huhn in ein Körbchen, damit man es während des Kochens häufig herausnehmen und wieder hineinsetzen kann. **246**

Huhn nach Varianus. Koche das Huhn mit Lake, Öl, Wein, einem Bündchen Lauch, Koriander und Saturei. Ist es gar, so verreibe Pfeffer und Pinienkerne im Mörser, gib etwas Brühe und Milch dazu, entferne aus dem Kochtopf das Suppengrün, gib die Würze hinzu, lasse noch einmal aufkochen. Dann binde die Sauce mit geschlagenem Eiweiss und gib sie über das angerichtete Huhn. Diese Sauce nennt man die weisse. **247**

Huhn nach Frontonianus. Koche ein Huhn halb weich, setze der Brühe dann Salzlake, Öl, ein paar

Stengel Dill, Lauch, Saturei und frischen Koriander zu, lasse das Huhn gar kochen, nimm es heraus, übergiesse es auf der Servierschüssel mit eingekochtem Most und streue Pfeffer darüber. **248**

Huhn mit Milchsauce. Koche ein Huhn mit Salzlake, Öl, Wein, Koriander und Zwiebel. Ist es halb gar, so nimm es heraus. In einen neuen Kessel gib nun Milch, etwas Salz, Honig und ein wenig Wasser, setze es auf langsames Feuer, dass es allmählich warm wird und rühre fleissig um, dass es nicht gerinnt oder anbrennt. Nun gib das Huhn, ganz oder zerschnitten, wieder hinein nebst Pfeffer, Liebstöckel, Majoran, Honig, etwas eingekochtem Most und eigener Brühe. Lasse es gar kochen und binde die Sauce mit Schwitzmehl. **249**

Gefülltes Huhn. Nimm ein Huhn recht sauber aus. Dann bereite eine Farce aus rohem Schweinefleisch, gekochten Speltgraupen, gekochtem Gehirn, ganzen Eiern und geriebenem Pfeffer, Liebstöckel und Ingwer, etwas Öl, ganzem Pfeffer, reichlich Pinienkernen, und fülle damit das Hühnchen, sodass ein Spielraum bleibt. Mit dieser Farce kann man auch Spanferkel und Kapaunen füllen. **250**

Backhähndel. In reichlich siedendem Öl backe das vorher sauber ausgenommene und zerlegte Huhn, streue Pfeffer darüber und trage es auf. **251**

Siebentes Buch

Schweinetaschen beize in Essig mit Asant und Lake und koche sie dann. **252**

Oder: Nimm Pfeffer, Selleriesamen, trockene Minze, Asantwurzel, Honig, Essig und Lake dazu. **253**

Auch nur mit Pfeffer, Lake und Asantwurzel kocht man sie oder kann auch statt der Asantwurzel ein wenig eingemachtes Gewürz nehmen. **254**

Oder man schmort sie, nachdem sie in Kleie gewälzt sind, in Fischsauce. **255**

Schnauze, Rippchen, Schwänze und Spitzbeine koche man mit Salzlake und Asantwurzel. **256**

Schweineeuter säubere sorgfältig, besonders die Kanäle, bestreue es mit Salz und brate es im Ofen oder in der Bratpfanne. Dann verreibe Pfeffer, Liebstöckel, Lake, ungemischten Wein und eingedickten Most, gib dies in die Pfanne, legiere die Sauce mit Mehl und übergiesse damit das Fleisch. **257**

Oder du kochst das Euter mit geriebenem Pfeffer, Kümmel und einem eingesalzenen Seeigel. Man isst es dann mit Fischlake und Senf. **258**

Schweineleber wird mit Feigenstiften besteckt, mit Pfeffer, Thymian, Liebstöckel, Lake, etwas Wein und Öl geschmort. **259**

Oder du spickst die Schweineleber mit Feigen, stichst Löcher hinein, legst sie in Salzlake mit Pfeffer, Liebstöckel, Lorbeerbeeren, wickelst sie dann in ein Schweinenetz ein und bratest sie in der Pfanne. **260**

Appetitbissen aus frischem Speck schneidet man so ein, dass sie mundrechte Häppchen bilden, aber noch zusammenhängen. Dann verreibe man Pfeffer, Liebstöckel, Dill, Kümmel, Asant, eine Lorbeerbeere mit Lake und lasse es aufkochen. Schütte nun die Speckstücke mit der kochenden Marinade in ein Gefäss und lasse sie 2 bis 3 Tage darin. Dann lasse man sie im Ofen gar werden und schneide sie auseinander. Mache dazu eine Sauce aus Pfeffer, Liebstöckel, verrieben mit Lake, etwas eingekochtem Wein, aufgekocht mit Marinade und mit Mehl gebunden. So macht man sie in Ostia. **261**

Oder nach Apicius nimmst du die kurzen Rippchen, entfernst die Knochen, rollst sie zusammen, umbindest sie und stellst sie in den Ofen. Sobald sie fast gut sind, nimm sie heraus und lasse sie ausdampfen und stelle sie dann in einen Topf über langsames Feuer. Habe acht, dass sie nicht anbrennen. Nun verreibe Pfeffer, Liebstöckel, Cypernkraut, Kümmel, gib Lake und eingekochten Most dazu, schütte dies über die Rippchen und lasse sie gar schmoren. Dann nimm sie heraus, trockne sie und serviere sie ohne Sauce, nur mit Salz bestreut. Sind sie zu fett, so entferne die Schwarte beim Umbinden. **262**

Sehr schön werden die Rippchen auch, wenn man sie in einer Mischung von 1 Cyathus Lake, Wasser, Essig und Öl kocht und dann röstet, so dass sie beinahe wie gebraten erscheinen. **263**

Auch kann man sie in Weinsauce schmoren und mit Pfeffer bestreut auftragen. **264**

Oder man reibt sie mit Salz ein und kocht sie einfach mit Salz und Kümmel. **265**

Anmerkung des Originals: Man kann solche Appetitbissen übrigens aus jedem fetten Bauchfleisch machen, z. B. vom Eber. Koche sie mit Öl, Salzlake und dem üblichen Gewürz halbgar und schiebe sie in den Ofen. Nun verreibe man Pfeffer mit Gewürz, Honig, Lake und Mehl, lasse dies aufkochen und gebe es zu dem Fleisch. Hat das Fleisch zum zweiten Male gekocht, so nimm es heraus, säubere und trockne es und gib es ohne Sauce, nur mit Salz bestreut, zu Tisch. **266**

Gebratenes Schweinefleisch. Bestreue das rohe Fleisch reichlich mit Salz, brate es im Ofen und serviere es mit Honig. **267**

Oder man reicht es mit nachstehender Sauce: 6 Skrupel Petersilie, 6 Skrupel Asant, 6 Skrupel Ingwer, 6 Skrupel Lorbeerbeeren, 6 Skrupel Majoran, 6 Skrupel Cypergras, etwas Kostwurz, 3 Skrupel Bertram, 6 Skrupel Selleriesamen, 12 Skrupel Pfeffer, dies alles fein im Mörser verrieben und mit genügend Lake und Öl gemischt. **268**

Oder man macht eine andere Sauce aus entkernten, getrockneten Myrthenbeeren, die mit Kümmel, Pfeffer, Honig, Lake, eingekochtem Most und Öl verrieben und aufgekocht und sodann mit Mehl gebunden werden. Damit übergiesst man das in Salzwasser abgekochte und dann gebratene Fleisch und streut Pfeffer beim Servieren darüber. **269**

Eine andere Sauce besteht aus je 6 Skrupeln Pfeffer, Liebstöckel, Petersilie, Selleriesamen, Dill, Asantwurzel, Cypergras, Kümmel, Ingwer, etwas Bertram, 1/2 Mass Lake und 1 Acetabulum Öl. **270**

Schweinekamm brühe ab und gib mit Pfeffer, Gewürz, Honig, Lake in einen Topf, worin du ihn garkochen lässt. Du kannst Schweinekamm auch ohne diese Zutaten nur mit Salz braten und reichst dann das Bratenfett als warme Sauce. **271**

Sauce für gekochtes Fleisch aller Art. Pfeffer, Liebstöckel, Majoran, Raute, Silphium, Zwiebel werden mit Wein, Most, Honig, Essig und etwas Öl durchgearbeitet, durch ein Tuch getrieben, und mit diesem Saft übergiesst man das gekochte Fleisch. **272**

Oder du verreibst im Mörser Pfeffer, Petersilie, Zwiebeln, Nelken mit Lake und Essig, etwas Öl und gibst heisse Brühe dazu. **273**

Oder du verreibst Pfeffer, trockene Raute, Fenchelsamen, Zwiebel, Nelke mit Lake und Öl. **274**

Warme weisse Sauce für gekochtes Fleisch. Verreibe Pfeffer, Raute, Zwiebel, Pinienkerne, gib Lake, Wein, Gewürz und etwas Brod hinzu, damit sich die Masse verdickt, füge noch Öl und Brühe hinzu, lasse aufkochen und übergiesse damit das Fleisch. **275**

Kalte weisse Sauce mache man aus Pfeffer, Kümmel, Liebstöckel, Thymian, Majoran, Zwiebel, Dattelkernen, Honig, Essig, Lake und Öl. **276**

Weisse Sauce für gedämpfte Schnitzel etc. Verreibe im Mörser Pfeffer, Kümmel, Liebstöckel, Rautensamen, Damaszener Pflaumen, gib Wein, Honig und Essig dazu und schlage die Sauce mit einem Strauss Thymian und Majoran. **277**

Oder nimm Pfeffer, Thymian, Kümmel, Selleriesamen, Fenchel, Raute oder Minze, Myrthenbeeren, Traubenrosinen, verreibe dies alles im Mörser, gib Most dazu und rühre es fleissig mit einem Zweigchen Saturei um. **278**

Oder verreibe Pfeffer, Liebstöckel, Kümmel, Minze, Kresse, Lorbeerblatt mit Eigelb, Honig, Most, Essig, Lake und Öl, rühre die Sauce mit Saturei und Lauch um und legiere sie auf dem Feuer. **279**

Auch noch andere Saucen lassen sich durch Zusatz von Pinienkernen oder Nüssen oder Safran oder gedörrten Mandeln oder Senf oder gekochtem Lauch etc. herstellen. **280**

Rohe Dillsauce. Dillsamen, Pfeffer, getrocknete Minze, Asantwurzel, Nelken werden verrieben und mit Essig, eingekochtem Most, Honig, Lake, etwas Senf und Öl verarbeitet. Passt zu kaltem Schweinebraten. **281**

Kalte grüne Sauce. Verreibe Pfeffer, Liebstöckel, Kümmel, Selleriesamen, Thymian, Zwiebel, Datteln, verarbeite dies mit durchgeseihter Fischlake, Honig, Wein und Öl, und gib zum Schluss reichlich kleingehackte grüne Sellerieblätter hinein. **282**

Gefüllter Schweinemagen. Säubere den Magen ordentlich, reibe ihn mit Essig und Salz und wasche ihn wiederholt in frischem Wasser. Dann fülle ihn mit Farce, die du wie folgt bereitest. Mageres Schweinefleisch stosse und reibe im Reibstein, mische dann 3 entsehnte Gehirne darunter, sowie rohe ganze Eier, Pinienkerne, ganzen Pfeffer und Brühe. Nun stosse Pfeffer, Liebstöckel, Silphium, Anis, Ingwer und etwas Raute, mische dies mit bester Lake und etwas Öl und arbeite dann nochmals damit die Farce gut durch. Damit er nicht auseinandergeht, wird der gefüllte Magen umbunden und muss viel Spielraum beim Kochen haben. Er wird nun in einen Topf mit kochendem Wasser gegeben und mit der Spicknadel gestochen, damit er nicht platzt. Ist er halb gar, so hänge ihn in den Rauch, damit er sich dunkel färbt, dann koche ihn von neuem mit Lake, Most und etwas Öl, lasse ihn gar werden, schneide ihn in Scheiben auf und gib eine Sauce aus Fischlake mit Liebstöckel dazu. **283**

Um gefüllten Schweinemagen zu schmoren wälze ihn zuerst in Kleie und dämpfe ihn dann mit Fischsauce. **284**

Schweinenieren zu braten. Schneide die Nieren auf, dass sie sich ausbreiten lassen und bestreue sie mit geriebenem Pfeffer, Pinienkernen und Fenchelsamen, sowie mit gehacktem frischen Koriander, dann rolle sie auf, nähe sie zusammen und hülle sie in ein Stück Schweinenetz. So mariniere in Öl und Fischlake und brate sie resp. schmore sie. **285**

Gebratene Schweinekeule. Zunächst koche die Keule mit viel getrockneten Feigen und einigen Lorbeerblättern ab, dann entferne die Schwarte, schneide das Fett quadratisch ein und gib Honig darüber, bedecke es dann mit Mehl, das mit Öl gemischt wurde und nimm die Keule erst aus dem Ofen, bis diese neue Mehlschwarte schön braun gebraten ist. **286**

Gekochte Schweinekeule. Koche sie einfach mit gedörrten Feigen wie gewöhnlich und serviere sie mit Appetitbissen, eingekochtem Most oder Gewürz, oder besser mit einer Sauce aus Mostäpfeln. **287**

Schweineschulter mit Äpfeln. Koche den Vorderschinken zunächst mit reichlich Honig und gedörrten Feigen, dann entbeine ihn und brate das Fleisch, mit Honig bestrichen, in der Bratpfanne. Noch besser ist es, wenn du das Fleisch mit Honig und Mehl bestrichen in den Ofen schiebst. Sobald es anfängt sich zu bräunen, koche eine Sauce aus Rosinen, Peffer, Raute und ungemischtem Wein, gib dann die Hälfte nach und nach über den Braten, mit der anderen Hälfte übergiesse in Stücke geschnittene Mostkuchen, die mit aufgetragen werden und gib das, was nicht aufgesogen wird, auch noch zum Braten. **288**

Fettes Pökelfleisch zu kochen. Setze das Pökelfleisch mit soviel Wasser auf, dass es bedeckt ist, gib viel Dill, sowie etwas Öl und Salz hinein und koche es gar. **289**

Hammel-Leber. Zerschneide die Leber von Ziege oder Hammel und koche sie im Mostwasser, gib dann Milch hinzu, ziehe die Brühe mit Ei ab und gib beim Auftragen noch etwas Weinlake und Pfeffer darüber. **290**

Lungenhachee. Wasche die Lungen von Ziege oder Hammel in Milch so sauber wie möglich, koche sie und zerschneide sie ganz klein. Dann mische 2 ganze rohe Eier mit etwas Salz, Honig, geriebenem Pfeffer, Fischsauce, eingedicktem Most, altem Wein, gib dies unter die gehackte Lunge, lasse das Ganze wieder warm werden und übergiesse es beim Auftragen mit Weinlake. **291**

Familien-Süssigkeiten.

GefüllteDatteln. Nimm aus Datteln die Kerne, fülle die Früchte mit einem Nuss- oder Pinienkern, drehe sie in gestossenem Salz um und röste sie in Honig. **292**

Apfelmarmelade. Gute Mostäpfel reibe, übergiesse sie mit Milch und stelle sie in den Ofen. Sobald sie anfangen etwas trocken zu werden, nimm sie heraus, übergiesse sie mit warmem Honig, verarbeite diesen in die Masse und serviere die Speise mit Pfeffer überstreut. **293**

Arme Ritter. Reibe von Semmeln die Kruste ab, zerpflücke sie in mundrechte Bissen, weiche sie in Milch ein, brate sie in Öl und serviere sie mit Honig übergossen. **294**

Nussbrei. Lasse Honig, ungemischten Wein, eingekochten Most und Raute gut verkochen, gib dann Pinienkerne, Nüsse, gekochtes Mehl und kleingehackte geröstete Haselnüsse hinein und trage auf. **295**

Gewürzter Brei. Verarbeite Pfeffer, Pinienkerne, Honig, Raute, eingekochten Most mit Milch, koche dies durch, gib einige Eier dazu, dass es ein dicker Brei wird, schütte guten Honig darüber und serviere. **296**

Eiercrême. Verklopfe Milch mit Honig und Eiern so lange, bis eine einheitliche Masse entsteht. Diese setze auf langsames Feuer und serviere sie, sobald sie unter stetem Rühren dick genug geworden ist, mit Pfeffer überstreut. **297**

Omelette. Verklopfe 4 Eier, 1/2 Unze Milch und 1 Unze Öl, lasse in einer Pfanne Öl heiss werden, schütte den Teig hinein, und sobald der Eierkuchen gar ist, lege ihn auf die Servierschüssel und gib Honig und Pfeffer darüber. **298**

Süsser Käse. Wird bereitet aus saurer Dickmilch (Quark), Honig, Pfeffer, Salz, Öl und Koriander. **299**

Zwiebeln zuzubereiten.

Roh trägt man sie mit Öl, Salzlake und Essig auf und gibt ein wenig Kümmel dazu. **300**

Oder man zerschneidet die Zwiebeln, kocht sie in Most ab und bratet sie dann in Öl. Eine Sauce macht man dazu aus Thymian, Flöhkraut, Pfeffer, Majoran, Honig, Essig und nach Wunsch auch etwas Lake. Über die gebratenen Zwiebeln streut man beim Servieren Pfeffer und gibt die Sauce extra. **301**

Oder man kocht sie mit Thymian, Majoran, Nelken, Honig, Essig, Most, Fischlake und etwas Öl zu einem dicken Mus und trägt dies mit Pfeffer überstreut auf. **302**

Oder man reicht die Zwiebeln gebraten mit Weinlake. **303**

Varro erwähnt, dass gekochte Zwiebeln der Liebe förderlich seien und daher bei Hochzeitsmahlen nicht fehlen sollen, und zwar entweder mit Pinienkernen oder mit Pfeffer und dem Saft der Raute aufgetragen. **304**

Morcheln und Champignons zuzubereiten.

Morcheln koche ab, lasse sie abtropfen und tränke sie dann mit Fischsauce, in der Pfeffer verrieben wird. **305**

Oder koche sie und serviere sie mit einer Salatsauce aus Most, Essig, Öl und Pfeffer. **306**

Oder koche sie in Salzwasser und gib eine Sauce aus Öl, Wein und gehacktem Koriander dazu. **307**

Champignons koche mit Most und einem Stengelchen grünem Koriander. Sind sie gar, so entferne den Koriander und trage sie in ihrer Brühe auf. **308**

Oder mache eine Champignonomelette, indem du Eier mit Pfeffer, etwas Liebstöckel, Honig und Fischlake verklopfst, die zerschnittenen Champignonköpfe hineingibst und nun den Eierkuchen in Öl bratest. Die Stiele der Champignons kochst du und servierst sie mit Fischsauce oder mit Salz bestreut. **309**

Trüffeln zu bereiten.

Schabe die Trüffeln sauber ab, brühe sie, reibe sie mit Salz ein, stecke mehrere an je ein spitzes Stöckchen, brate sie an und koche sie dann in Öl, Lake, Most, Wein, Honig und Pfeffer. Sind die Trüffeln gar, so nimm sie heraus, binde die Brühe mit Mehl und reiche sie als Sauce extra. **310**

Oder verfahre wie eben geschildert, zerkleinere jedoch die gargekochten Trüffeln und tränke sie mit der gebundenen Sauce. **311**

Oder schmore die Trüffeln, in ein Schweinenetz gehüllt, in Weinlake mit Pfeffer, Liebstöckel, Koriander, Raute, Fischsauce, Honig, Wein und etwas Öl. **312**

Oder dünste sie in Wein mit Öl, Honig, Pfeffer, Minze und Raute. **313**

Oder koche sie zunächst mit Lauch und dämpfe sie dann in Wein mit Salz, Pfeffer und Koriander. **314**

Oder koche sie in Wein, Essig, etwas Öl mit Fischsauce oder Salz, Pfeffer, Kümmel, Sesel, Minze, Sellerie, Raute und Honig. **315**

Titelkupfer »Bibliothèque d'un Gourmand« aus Grimod de la Reynière's Almanach des Gourmands, Paris 1804

Wasserrosenwurzeln koche mit Pfeffer, Kümmel, Raute, Honig, Fischsauce und etwas Öl. Binde die Brühe mit Mehl zur Sauce. **316**

Schnecken zuzubereiten. Säubere zunächst das Häuschen der lebenden Schnecken und entferne das schliessende Membranplättchen, dass sie herauskönnen. Dann füttere sie einen Tag lang mit gesalzener Milch und später mit reiner Milch, entferne aber häufig und sorgfältig den Koth. Wenn sie so dick gemästet sind, dass sie sich nicht mehr in ihr Haus zurückziehen können, dann brate sie in Öl und trage sie mit Weinlake auf. Man kann sie auch mit Mehlbrei mästen. **317**

Oder reibe die aus dem Häuschen genommenen Schnecken mit Salz ein und brate sie in Öl. Als Sauce gib dazu Fischlake mit Asant, Pfeffer, 01 und Kümmel verrieben. **318**

Oder mäste die Schnecken in Milch mit Weizenmehl und koche sie dann in Salzwasser. **319**

Gebratene Eier serviere mit Weinlake. **320**

Hartgekochte Eier serviere mit einer Sauce aus ungemischtem Wein, Fischlake, Öl, oder aus Fischlake, Pfeffer und Asant. **321**

Weiche Eier serviere mit einer Sauce aus Essig, Honig, Fischlake, verrieben mit Pfeffer, Liebstöckel und geweichten Pinienkernen. **322**

[Ziffer 323 fehlt auch in der Originalvorlage. Der Verlag]

Achtes Buch

Vom Wildschwein.

Braten. Das sauber geputzte Fleisch reibe mit Salz und gestossenem Kümmel ein und lege es in ein irdenes Gefäss. Anderen Tages bringe es in den Ofen und bestreue es, wenn es gebraten ist, mit gestossenem Pfeffer. Dazu reiche eine Sauce aus Fischlake, Honig und Most. **324**

Kochen. Koche das Fleisch in Seewasser mit Lorbeerblättern, schneide, sobald es gar ist, die Schwarte ab und serviere dazu eine Sauce aus Essig mit Salz und Senf. **325**

Saucen für Wild-Schweinefleisch. Verreibe Pfeffer, Liebstöckel, Majoran, entkernte Myrthenbeeren, Koriander und Zwiebeln, gib Honig, Wein, Fischlake und etwas Öl hinzu, lasse durchkochen, binde mit Mehl. Hiermit übergiesse das gekochte Fleisch. Diese Sauce eignet sich auch für alles andere Wildpret. **326**

Oder verreibe Pfeffer, Kümmel, Selleriesamen, Minze, Thymian, Saturei, Safran, geröstete Nüsse und Mandeln, gib Honig, Wein, Fischlake, Essig und etwas Öl dazu und lasse verkochen. Passt für gebratenes Wildschweinfleisch. **327**

Oder lasse die vorige Sauce kochen und rühre sie mit grünem Lauch und frischer Raute um. Willst du sie dick machen, so ziehe sie mit Ei ab. **328**

Oder verreibe Pfeffer, Liebstöckel, Kümmel, Silphium, Majoran, Pinienkerne, Nelken mit Honig, Senf, Essig, Fischsauce und Öl (kalt). **329**

Oder verreibe Pfeffer, Kümmel, Liebstöckel, Koriandersamen, Dillsamen, Selleriesamen, Thymian, Majoran, etwas Silphium, viel Raukesamen, gib ungemischten Wein dazu, sowie etwas Grünzeug, Zwiebel, gestossene Mandeln, Datteln, Honig, Essig, Fischsauce und Öl und färbe diese kalt zu reichende Sauce mit eingekochtem Most. **330**

Oder verreibe Pfeffer, Liebstöckel, Majoran, Selleriesamen, Asantwurzel, Kümmel, Fenchel, Raute, gib Wein, Fischsauce und eingekochten Most dazu, lasse aufkochen, binde die Sauce mit Mehl und trage das Wildschweinfleisch darin auf. **331**

Gefüllte Wildschweinsschulter. Öffne das Gelenk durch ein durchgebohrtes Holz, lockere die Haut vom Fleisch, sodass man mittels eines Trichters Würze hineingeben und alles damit anfüllen kann. – Dazu verreibe Pfeffer, Lorbeerbeere, Raute, beste Fischsauce, Most, einige Tropfen frischen Öles und, wenn du willst, etwas Asantwurzel. – Dann hülle die gefüllte Schulter in Leinwand, lege sie in den Kessel und koche sie in Seewasser mit Lorbeer und Dill. **332**

Vom Hirsch.

Sauce für gekochtes Hirschfleisch. Verreibe Pfeffer, Liebstöckel, Kümmel, Majoran, Selleriesamen, Asantwurzel und Fenchel, gib Fischlake, Wein, Most und etwas Öl dazu, lasse aufkochen und binde die Flüssigkeit mit Mehl. Trage das gekochte Hirschfleisch dazu auf.

Diese Sauce eignet sich auch für alle Arten ähnlichen Wildes. **333**

Oder verreibe Pfeffer, Liebstöckel, Kümmel, Selleriesamen, gib Honig,

Essig, Fischsauce und Öl dazu, lasse durchkochen, binde die Sauce mit Mehl und übergiesse damit das Hirschfleisch, das du zuerst gekocht und dann gebraten hast. **334**

Oder bereite eine kalte Sauce aus zerstossenem Pfeffer, Liebstöckel, Schalotte, Majoran, Pinienkernen, Gewürznelken, Honig, Fischlake, Senf, Essig und Öl. **335**

Oder verreibe Pfeffer, Kümmel, Gewürz, Petersilie, Zwiebel, Raute, Minze, gib Honig, Fischlake, Most und etwas Öl dazu, lasse durchkochen und binde die Sauce mit Mehl. **336**

Oder verreibe Pfeffer, Liebstöckel, Petersilie, Kümmel, geröstete Pinienkerne oder Mandeln, gib Honig, Essig, Wein, etwas Öl und Fischlake hinzu, lasse gut durchkochen und rühre fleissig um. **337**

Oder verarbeite Pfeffer, Narde, Lorbeer, Selleriesamen, trockene Zwiebel, grüne Raute mit Honig, Essig, Fischsauce, Nelken, Rosinen und Öl zu einer kalten Sauce, die zu gebratenem Hirschfleisch besonders gut passt. **338**

Oder verreibe Pfeffer, Liebstöckel, Petersilie und zerkleinerte Damascener Pflaumen, gib Wein, Honig, Essig, Fischsauce, Öl hinein, lasse durchkochen und rühre mit Lauch und Saturei um. **339**

Vom Reh resp. wilden Ziegen.

Sauce. Verreibe Pfeffer, Liebstöckel, Kümmel, Petersilie, Raute mit Honig, Senf, Essig, Fischlake und Öl zu einer kalten Sauce. **340**

Oder verreibe Pfeffer, Gewürz, Raute, Zwiebel, gib Honig, Fischlake, eingekochten Most, etwas Öl dazu, lasse aufkochen und legiere mit Mehl. **341**

Wildschaf.

Sauce. Verreibe Pfeffer, Liebstöckel, Kümmel, Minze, Thymian, Silphium, zerkleinerte Damascener

Pflaumen, gib Wein, Honig, Fischlake, Essig und Ol dazu, rühre fleissig mit einem Bündchen Majoran und Minze um und färbe die Sauce mit eingekochtem Most. **342**

Oder verreibe 8 Skrupel Pfeffer, je 6 Skrupel Raute, Liebstöckel, Selleriesamen, Wachholder, Thymian und trockne Minze, sowie 5 Skrupel Flöhkraut zu trocknem Pulver, mische dies mit Honig und gib beim Gebrauch saure Sauce dazu.

Eignet sich für alles gebratene und gekochte Wild. **343**

Oder verreibe Pfeffer, Liebstöckel, Thymian, Kümmel, geröstete Pinienkerne mit Honig, Essig, Fischsauce und Öl. **344**

Rind und Kalb.

Für gebratenes Fleisch koche eine Sauce aus Pfeffer, Liebstöckel, Selleriesamen, Kümmel, Majoran, Zwiebel, Rosinen, Honig, Essig, Wein, Fischlake und eingekochtem Most. **345**

Für gekochtes Kalbfleisch bereite eine Sauce aus Pfeffer, Liebstöckel, Kümmel, Selleriesamen, Honig, Essig, Fischlake und Öl, lasse aufkochen, binde mit Mehl und übergiesse das Fleisch damit. **346**

Oder mache die Sauce aus Pfeffer, Liebstöckel, Fenchel, Majoran, Pinienkernen, Nelken, Honig, Essig, Fischlake, Senf und Öl. **347**

Ziege und Lamm.

Koche das Fleisch mit Pfeifer, Salzlake und grünen jungen Bohnen, gib Pfeffer, Asant, Kümmel, Brotstückchen und etwas Öl dazu. **348**

Gullasch. Schneide das Fleisch ziemlich klein und koche es mit Zwiebeln, Koriander, Pfeffer, Liebstöckel, Kümmel, Fischlake, Öl und Wein. Dann nimm es aus der Brühe, binde diese mit Mehl und lasse das Fleisch darin noch einmal aufkochen.

Hierzu ist zu bemerken, dass das Fleisch auch zu Püree gemacht werden kann, und zwar verarbeitet man das Lamm roh, das Zicklein aber gekocht Dann mische man das Püree mit der eingedickten Sauce. **349**

Gebratene Schnitzel. Koche das Fleisch mit Fischlake und Öl, schneide es in Scheiben, wälze diese in gestossenem Pfeffer, Asant, Fischsauce und Öl, und brate sie dann. Zur Sauce dient der Pfannenrückstand; beim Auftragen streue Pfeffer über das Gericht. **350**

Oder nimm 1/2 Unze Pfeffer, 6 Skrupel Ingwer, ebensoviel Petersilie, etwas Asant, l/2 Unze beste Lake und 1 Acetabulum Öl, und mache daraus eine Sauce. **351**

Zicklein oder Lamm, ganz zu kochen. Entbeine das Tierchen sehr sorgsam, und zwar durch den Schlund, so dass ein Schlauch entsteht und die Eingeweide entleert werden können, ohne dass sie zerreissen. Man bläst in den Mund hinein, so dass der Kot aus den Därmen hinten abgeht. Dann wäscht man das Tierchen sauber und füllt es mit gemischter Fischsauce, lässt es recht durchziehen, kocht es gar und nimmt es heraus. In die kochende Brühe gib Milch, geriebenen Pfeffer, Fischlake, Most und Öl, und liehe sie mit Mehl ab. Man gibt auch die Tiere in ein Netz oder in ein einfaches Körbchen, oder umbindet sie fest und kocht sie in siedendem Wasser mit wenig Salz. Sie müssen dreimal aufkochen, werden dann herausgenommen, um nun nochmals mit der oben beschriebenen Brühe aufgekocht zu werden. **352**

Andere Sauce. Nimm 1 Sextarium Milch, 4 Unzen Honig, 1 Unze Pfeffer, etwas Salz und Laserwurzel, 8 geriebene Datteln, 1 Acetabulum Öl, 1 dito Fischlake, 1 dito Honig, 1 dito guten Wein koche mit Fleischbrühe durch und binde die Sauce mit Mehl. **353**

Hackbraten vom Lamm. Verreibe das Fleisch roh mit Öl und Pfeffer, streue Salz und reichlich Koriandersamen darauf und brate es im Ofen. **354**

Tarpejanischer Braten. Bereite das Böckchen oder Lamm vor wie üblich, mariniere es in Fischlake mit Pfeffer, Raute, Saturei und Zwiebeln, sowie etwas Thymian. Dann fülle das Tierchen mit Farce, nähe es zu und schiebe es in einer mit Öl versehenen Bratpfanne in den Ofen. Ist der Braten gar, so gib ihn auf die Servierschüssel, streue Pfeffer darüber und trage ihn auf mit einer Sauce, die du aus Saturei, Zwiebeln, Raute, Datteln, mit Fischlake, Wein, Most und Öl verrieben, herstellst. **355**

Junge gemästete Böckchen (Lämmer) brate im Ofen. Währenddessen bereite eine Sauce aus Pfeffer, Raute, Zwiebeln, Saturei, entkernten Damaszener Pflaumen, etwas grünem Asant, Fischlake und Wein. Diese wird gut durchgekocht, durchgeseiht und kochend über das Fleisch gegeben. Essig wird noch extra dazu gereicht. **356**

Lamm (Böckchen) mit farcierten Därmen. Bereite das Tierchen wie üblich vor, entbeine es, nimm alle Eingeweide heraus und säubere sie sorgfältig. Nun verreibe im Mörser Pfeffer, Liebstöckel, Asantwurzel, 2 Lorbeerbeeren, etwas Bertram, 2 bis 3 Schweinehirne, gib Fischlake hinzu, schmecke mit Salz ab und füge noch 2 Sextarien Milch und 2 Löffel Honig hinzu. Hieraus mache eine Farce, fülle mit dieser die Därme, wickle sie um das Fleisch, hülle das Ganze in ein Schweinenetz, umbinde es und koche es im Kessel mit Fischsauce, Öl und Wein. Ist es halbgar, so verreibe Pfeffer und Liebstöckel mit etwas eingekochtem Most und Fleischbrühe, giesse diese Würze zu dem Fleisch, lasse es weich kochen, nimm es heraus und binde die Sauce mit Mehl. **357**

Einfaches Lamm-(Bock-)Gullasch. Ziehe dem Tierchen die Haut ab, nimm es aus, schneide es in kleine Stücke, wasche diese und setze sie mit Öl, Fischsauce, Wein, Lauch und Koriander, das Grünzeug kleingeschnitten, auf. Sobald es anfängt zu kochen, gib Zwiebelsaft daran und trage auf. **358**

Vom Ferkel.

Doppelt gefülltes Schwein. Bereite das Ferkelchen wie üblich vor, nimm es aus, putze die Schwarte sauber und fülle die Blase mit Tarentinischer Farce. Dann bereite eine andere Farce aus Pfeffer, Liebstöckel, Majoran, Asantwurzel, diese Gewürze mit Fischsauce zerstampft, dazu gib gekochte Gehirne, rohe Eier, gekochte Speltgraupen, und lasse den Teig mit Fleischbrühe kochen, füge, wenn er gar ist, noch kleine Vögel, Nüsse, ganzen Pfeffer und Fischlake hinzu, fülle damit das Ferkel, wickle es in Papier und umbinde es fest. Dann brate das Schweinchen im Ofen, entferne das Papier und trage es auf. **359**

Gekochtes Ferkel. Das sauber gemachte Tierchen wird in Salzwasser mit Kümmel und Asant abgekocht. **360**

Gefülltes Ferkel gekocht. Nimm das Ferkel sauber aus, ohne das Gekröse zu entfernen, fülle es mit einer Farce aus Pfeffer, Liebstöckel, Majoran, Gehirn, Ei, dies alles verrieben, mit Fischsauce vermengt, umbinde es und gib es in einem Körbchen in den Kessel mit siedendem Wasser, löse, wenn es gar ist, die Fäden, dass der Saft herauslaufen kann, und trage es auf, mit Pfeffer bestreut. **361**

Nach anderer Art wird die Farce vorher gekocht und das Ferkel beim Auftragen nicht mit Pfeffer bestreut. **362**

Ferkel mit Semmelfarce. Fülle das Tierchen mit einer Farce aus Pfeffer, Honig, Wein und Weissbrod, dies alles unter Umrühren mit einem Lorbeerzweig zu einem Teig verkocht. Umbinde es dann mit Papier und brate es im Ofen. **363**

Gekochtes Spanferkel mit Apicius-Sauce. Koche das wie üblich vorbereitete Ferkelchen in Wasser mit Salzlake und trage es auf mit folgender Sauce: Verreibe Pfeffer, Liebstöckel, Koriandersamen, Minze, Raute, gib Fischlake, Honig und

Wein dazu und reiche diese Sauce ungekocht zu dem Ferkelchen. **364**

Gebratenes Ferkel nach Vitellius. Behandle das Ferkelchen wie beim Wildschwein beschrieben. Bestreue es mit Salz und brate es im Ofen, nachdem die Haut mit Einschnitten versehen ist. Nun verreibe Pfeffer, Liebstöckel mit Fischsauce, Wein, Most und Öl und fülle damit den Braten, dass er auch unter der Schwarte saftig wird. **365**

Gebratenes Ferkel nach Flaccus. Verfahre zunächst wie im vorigen Rezept. Zur Sauce nimm Pfeffer, Liebstöckel, Kümmel, Selleriesamen, Asantwurzel und grüne Raute. Verreibe diese Ingredienzen, gib Fischlake, Wein und Most dazu, lasse die Flüssigkeit mit etwas Öl aufkochen und binde sie mit Schwitzmehl. Dann entbeine das gebratene Ferkel, bestreue es mit gestossenem Selleriesamen und reiche die Sauce dazu extra. **366**

Gebratenes Ferkel mit Lorbeer. Säubere das Ferkel, nimm es aus, entbeine es, lege genügend frische Lorbeerzweige hinein und brate es im Ofen. Nun verreibe Pfeffer, Liebstöckel, Kümmel, Selleriesamen, Asantwurzel und Lorbeerbeeren, gib Fischlake, Wein und Most dazu, lasse dies mit etwas Öl aufkochen, nimm den Saft aus der Bratpfanne dazu, binde die Sauce und reiche sie apart zu dem Ferkel, dass du ohne die Lorbeerzweige auftragen lässt. **367**

Gekochtes Ferkel nach Frontinianus. Entbeine ein wie üblich vorbereitetes Schweinchen, putze es sauber und setze es mit Fischlake, Wein, Lauch und Dill auf. Ist es halb gekocht, so gib noch eingedickten Most dazu. Sobald es gar ist, nimm es aus der Brühe, trockne es ab und serviere es mit Pfeffer bestreut. **368**

Gekochtes Ferkel mit Weinsauce. Verfahre zunächst wie im vorigen Rezept, lasse jedoch beim Kochen den Dill fort und nimm dafür Koriander und Öl. Lasse dann noch eine Würze aus Pfeffer, Liebstöckel, Kümmel, Majoran, Selleriesamen,

Asantwurzel mit Fischsauce, Wein, eingekochtem Most und Fleischbrühe vermischt, mitkochen, fertige eine gebundene Sauce und reiche diese zu dem mit Pfeffer bestreuten Ferkelfleisch. **369**

Ferkel nach Celsinus. Fülle das wie üblich vorbereitete Ferkel mit Pfeffer, Raute, Zwiebel Saturei und Eiern, koche es dann mit Pfeffer, Fischsauce und etwas Wein. **370**

Gebratenes Ferkel mit pikanter Sauce. Verreibe Pfeffer, Raute, Saturei, Zwiebel, hartgekochte Eidotter mit Fischlake, Wein, Öl und Gewürz, lasse diese Mischung aufkochen und trage sie zu dem wie gewöhnlich gebratenen Schweinchen auf. **371**

Reich gefülltes Ferkel. Nimm ein Ferkel aus, entbeine und säubere es, dann fülle es mit zerschnittenem Huhn, Krammetsvögeln, Feigen-Drosseln, dem eigenen kleingeschnittenen Geschlinge, Knackwürsten, entkernten Datteln, Traubenrosinen, Schnecken, Malven, roten Rüben, Lauch, Sellerie, gekochten Stengelkohl (Broccoli), Koriander, ganzem Pfeffer und Pinienkernen, dies alles mit 15 Eiern und gepfefferter Fischlake verarbeitet. Dann nähe das Ferkel zu und brate es im Ofen. Beim Auftragen schneide man den Rücken auf und übergiesse es mit folgender Sauce: Pfeffer und Raute werden im Mörser gestossen, mit Fischlake, Most, Honig und etwas Öl aufgekocht und mit Mehl gebunden. **372**

Kalte Sauce zu gekochtem Ferkel. Verreibe im Mörser Pfeffer, Kümmel, Dill, etwas Majoran und Pinienkerne, mische dazu Fischlake, eingekochten Most, Honig, Senf und Öl und bestreue das Fleisch beim Auftragen mit Pfeffer. **373**

Geräuchertes Ferkel. Bereite das Schweinchen vor wie bei dem Rezept »Mit Weinsauce« beschrieben und hänge es in den Rauch. Je länger du es aber räuchern willst (damit es sich länger hält), um so mehr musst du es vorher mit Salz einreiben.

Zum Verspeisen wird es einfach in Wasser gekocht und trocken mit neuem Salz aufgetragen. **374**

Sauce für Spanferkel. Verreibe eine Unze Pfeffer mit einem grossen Acetabulum Öl, 1/2 Ace-tabulum Wein und etwas weniger Fischsauce. **375**

Vom Hasen.

Geschmorter Hase in Sauce. Dämpfe den wie üblich vorbereiteten Hasen in wenig Wasser, gib ihn dann mit Öl in eine kleine Pfanne und lasse ihn im Ofen schmoren. Wenn er bald gar ist, begiesse ihn ab und zu mit folgender Würzsauce: Verreibe Pfeffer, Sellerie, Zwiebel, Raute, Selleriesamen mit Fischlake, Asant, Wein und Öl und vollende dann den Hasen. **376**

Andere Art. Verreibe Pfeffer, Datteln, Asant, Traubenrosinen mit Most, Fischlake und Öl, gib diese Mischung in die Bratpfanne, wenn der Hase schon beinahe herausgenommen werden muss, lasse ihn nochmals in der Sauce aufkochen, streue Pfeffer über ihn und trage ihn mit der Sauce auf. **377**

Gefüllter Hase. Mache eine Farce aus ganzen Nüssen, Mandeln, geschnittenen Eicheln, ganzen Pfefferkörnern, Lunge und Leber des Hasen, und Eiern, fülle damit den Hasen, hülle ihn in ein Schweinenetz und gib ihn in den Ofen. Nun verreibe Raute, reichlich Pfeffer, Zwiebel, Saturei, Datteln mit Fischlake, Most oder gewürztem Wein, lasse dies kochen, bis es anfängt dick zu werden, schütte es dann zum Hasen und trage ihn in der Sauce auf. **378**

Weisse Sauce für Hasenbraten. Verreibe Pfeffer, Liebstöckel, Kümmel, Selleriesamen, hartgekochte Eidotter zu einem Teig und forme einen Kloss daraus. Koche nun Fischsauce, Wein, Öl, etwas Essig und zerschnittene Zwiebel durch, gib dann den Kloss hinein, rühre mit Stengeln von Majoran oder Saturei um, bis sich der Kloss auflöst und eine dicke Sauce bildet; wenn nötig binde mit Mehl. **379**

Hachee aus Hasenleber und -Lunge. Koche das Geschlinge in Salzlake, Öl, Lauch und Koriander und zerschneide es in kleine Stücke. Inzwischen verreibe Pfeffer, Kümmel, Koriander, Asantwurzel, Minze, Raute, Flöhkraut mit Essig, Hasenblut, Honig und Brühe, koche hiermit das Hachee nochmals auf und binde es dann mit Mehl. **380**

Gekochter Hase. Bereite den Hasen wie üblich vor, entbeine ihn und lege ihn in den Kochtopf. Gib nun dazu Öl, Fischlake, eingekochten Most, Lauch, Koriander, Dill und lasse es kochen. Inzwischen verreibe Pfeffer, Liebstöckel, Kümmel, Koriandersamen, Asantwurzel, Zwiebel, Minze, Raute, Selleriesamen mit Fischlake, Honig, Brühe, Most und Essig, lasse dies aufkochen, binde es mit Mehl und gib es als Sauce über den angerichteten Hasen. **381**

Geräucherter Hase nach Passenianus. Behandle den Hasen wie üblich, entbeine ihn und hänge ihn ausgebratet in den Rauch. Wenn er dunkel genug geworden ist, koche ihn halb gar, trockne ihn ab und bestreue ihn mit Salz. Inzwischen verreibe im Mörser Pfeffer, Liebstöckel mit Lake, Wein und etwas Öl, lasse dies aufkochen, lasse den Hasen darin gar werden, richte ihn hübsch an, binde die Brühe mit Mehl und giesse diese Sauce dem Hasen über den Rücken. **382**

Hasen-Ragout. Bereite eine Sauce wie im vorigen Rezept und gib noch aufgeweichte Pinienkerne hinein. Dann wickle die Hasenfleischstücke in ein Schweinenetz oder in Papier, umbinde sie und lasse sie in der Sauce gar kochen. **383**

Reich gefüllter Hase. Bereite den Hasen wie üblich vor, entbeine ihn und breite ihn flach aus. Nun verreibe im Mörser Pfeffer, Liebstöckel, Majoran mit Fischsauce, gib dazu gekochte Hühnerleber, gekochtes Schweinehirn, das zerschnittene Geschlinge des Hasen, 3 rohe Eier und Fischsauce, fülle damit den Hasen, wickle ihn in ein Schweinenetz oder in Papier, umbinde ihn und brate ihn über langsamem Feuer. Inzwischen verreibe wieder Pfeffer, Liebstöckel und Fischlake, gib Wein dazu, lass es aufkochen und binde es mit Mehl. Mit dieser Sauce übergiesse beim Auftragen den gefüllten Hasen. **384**

Gekochter Hase auf einfache Art. Koche ihn mit Öl, Fischlake, Essig, Most, zerschnittenen Zwiebeln, grüner Raute, zerschnittenem Thymian gar und trage ihn in der Brühe auf. **385**

Gewürzige Sauce für Hasen. Verreibe Pfeffer, Raute, Zwiebel, Hasenleber mit Fischlake, Most, Wein und etwas Öl, lasse aufkochen und binde dann die Sauce. **386**

Gebeizter Hase, geschmort. Bereite den Hasen wie üblich vor, lege ihn in Fischlake mit Pfeffer, Raute, Saturei, Zwiebel und Thymian, nähe ihn dann zu seiner ursprünglichen Form zusammen und lasse ihn im Ofen schmoren. Und zwar übergiesse ihn häufig mit einer Sauce aus Pfeffer, Raute, Zwiebel, Saturei, Datteln, Rosinen, mit Wein, Öl, Fischlake und Most aufgekocht, sodass der Hase während des Schmorens alle Flüssigkeit in sich aufnimmt. Er wird nun mit trockenem Salz auf einer Platte aufgetragen. **387**

Andere feine Hasensauce. Lasse Wasser mit Wein, Fischlake, etwas Senf, Dill, ganzem Lauch aufkochen, gib dann hinzu Pfeffer, Saturei, Zwiebeln, Datteln, Damaszener Pflaumen, Wein, Fischlake, etwas Öl, binde die Flüssigkeit mit Mehl, lasse sie noch etwas durchkochen und giesse sie beim Auftragen über den Hasen. **388**

Haselmäuse oder Siebenschläfer. Man enthäutet, säubert und entbeint die Tierchen, füllt sie mit einer Farce aus Schweinefleisch, verrieben mit Pfeffer, Pinienkernen, Asant und Fischsauce, näht sie zu und bratet sie im Ofen auf einem flachen Ziegel oder schmort sie in einer Kasserolle. **389**

Neuntes Buch

Von Meerkrebsen.

Kalte Sauce für Langusten und Taschenkrebse. Zerschnittene Zwiebeln, Pfeffer, Liebstöckel, Kümmel, Nelken, Honig, Essig, Wein, Fischsauce, Öl und Most werden innig vermischt und mit etwas Senf geschärft. **390**

Gedünstete Langusten. Man öffnet das Bruștschild der Langusten und füllt Pfeffer oder Korianderwürze hinein und lässt die Tiere dann in einer Kasserolle dünsten. **391**

Gekochte Langusten gibt man am besten mit Kümmelsauce, bestehend aus Pfeffer, Liebstöckel, Petersilie, Minze, sehr viel Kümmel, Honig, Essig, Fischsauce und, wenn man will, auch Lorbeer und Narde. **392**

Oder mache eine Sauce aus Pfeffer, Kümmel, Raute, Honig, Essig, Fischlake und Ol. **393**

Oder bereite eine Sauce aus Pfeffer, Liebstöckel, Kümmel, Minze, Raute, Pinienkernen, Honig, Essig, Fischlake und Wein. **394**

Langusten-Kroketten. Koche die Langusten, nimm alles Fleisch, und wenn vorhanden, auch die Eier heraus, zerschneide alles ganz klein und mache mit Fischsauce, Pfeffer und Eiern einen Teig daraus, der in Mundbissen geformt und so in siedendem Fett ausgebacken wird. **395**

Vom Rochen.

Dicke Sauce. Verreibe Pfeffer, Raute, Zwiebel, mische dies mit Honig, Fischlake, eingekochtem Most, etwas Wein, gutem Öl, lasse es aufkochen und binde es mit Mehl. **396**

Andere Sauce. Verreibe Pfeffer, Liebstöckel, Petersilie, Minze, Majoran, Eidotter, Fischsauce, Most, Wein und Öl. Willst du die Sauce warm reichen, so gib noch Rosinen dazu, wenn kalt, nimm noch Senf und Essig hinein. **397**

Vom Tintenfisch und Polypen.

Sauce. Verreibe Pfeffer und Raute, gib etwas Honig, Fischlake, Most und einige Tropfen Öl dazu. **398**

Gefüllter Tintenfisch. Mache eine Farce aus Pfeffer, Liebstöckel, Selleriesamen, Kümmel, Honig, Fischlake, Wein und Gewürz, gepfeffertem Schweinehirn, genügend rohen Eiern, ganzem Pfeffer und zerschnittenem Fleische, damit fülle ihn, nähe ihn zu und lege ihn in kochendes Wasser. Dana binde die Sauce und lasse den Fisch darin auf dem Feuer gar (steif) werden. **399**

Marinierte Tintenfische. Verreibe Pfeffer, Liebstöckel, Koriander, Asant, Pinienkerne, Selleriesamen, Eidotter mit Honig, gib Essig, Fischlake, Wein und Öl dazu, lege das gekochte Fisc fleisch hinein und stelle das Gefäss an einen kühlen Ort. **400**

Warme Sauce dazu. Verreibe Pfeffer, Liebstöckel, Kümmel, grünen Koriander, trockene Minze, Eidotter mit Honig, Fischsauce, Wein, Essig und etwas Öl, lasse durchkochen und binde die Sauce. **401**

Polypen serviert man gekocht mit Pfeffer, Fischlake und Asant. **402**

Von Austern, Muscheln und Seeigeln.

Zu Austern serviert man eine Remouladen-Sauce aus Pfeffer, Liebstöckel, harten Eidottern, Essig, Öl, Wein und Fischlake; wenn man will, kann man auch noch Honig dazu geben. **403**

Für alle Arten von Muscheln. Verreibe Pfeffer, Liebstöckel, Petersilie, getrocknete Minze, sehr viel Kümmel und sowie, wenn du willst, ein Lorbeerblatt und ein Nardenblatt mit Honig, Fischlake und Most. **404**

Für Miesmuscheln. Koche die sauber geputzten Miesmuscheln in Wasser mit Fischlake, Lauch, Kümmel, Saturei, Most und gemischtem Wein. **405**

Seeigel zu bereiten. Nimm einen neuen Topf und verkoche darin Öl, Fischlake, süssen Wein, gestossenen Pfeffer, gib dann die Seeigel hinein, rühre um und lasse sie durchkochen, streue dann Pfeffer über sie und trage sie auf. **406**

Oder koche sie mit Pfeffer, etwas Kostwurz, Minze, Most, Fischlake, Lorbeer und Narde. **407**

Oder setze sie unzerschnitten mit kaltem Wasser auf, koche sie gar, nimm sie aus der Brühe und lege sie auf die Servierschüssel. Nun gib in die Brühe Lorbeer, Pfeffer, Honig, Fischlake und Öl, lasse dies gut durchkochen und binde es mit Mehl zu einer Sauce. **408**

Eingesalzene Seeigel gibt man mit bester Fischsauce, welche mit gekochtem Wein und Pfeffer vermischt wurde. **409**

Oder reiche zu gesalzenen Seeigeln nur beste Fischsauce. Sie werden dann so frisch erscheinen, als ob sie eben aus dem Meere genommen seien. **410**

Gefüllte Makrelen. Entgräte sie, dann verreibe man Flöhkraut, Kümmel, Pfeffer, Minze, Pinienkerne und Honig, fülle damit die Fische, nähe sie zu, wickle sie in Papier und röste sie über leichtem

Feuer auf einem Deckel. Serviert werden sie mit einer Sauce aus Öl, Most und Fischlake. **411**

Oder koche die Makrelen in Wasser mit Pfeffer, Liebstöckel, Thymian, Majoran, Raute, Nelke und Honig, nimm sie heraus und lege sie auf die Schüssel, verziere sie mit harten Eierscheiben und gib eine Sauce aus Wein, Essig, Most und frischem Ol dazu. **412**

Andere Saucen bestehen aus mehr oder minder komplizierten Mischungen der Würzkräuter mit Wein, Lake, Essig, 01 und Honig. **413**

Meeräschen, eingesalzene, trage auf mit einer Sauce aus Pfeffer, Liebstöckel, Kümmel, Zwiebel, Minze, Raute, Salbei, Nelken, Honig, Essig und Öl. Auch Majoran und Raute kann dazu genommen werden, doch bleibt dann Liebstöckel, Kümmel und Zwiebel fort. **414**

Thunfisch, eingesalzen, serviert man mit einer Sauce aus Pfeffer, Liebstöckel, Kümmel, Zwiebeln, Minze, Raute, Sellerie, Nelken, Honig, Essig, Senf und Öl. Auch für Wels geeignet. **415**

Sauce für Meerbarben. Zerstosse im Mörser Pfeffer, Raute, Zwiebel, Datteln und Senf mit einem Seeigel, mische Öl darunter und übergiesse mit der Sauce den Fisch. **416**

Falscher Fisch. Koche Hasen-, Ziegenbock-, Lamm- oder Hühnerleber, zerreibe sie im Mörser mit Pfeffer, Salz oder Fischlake, gib Öl hinzu und forme aus dem Teig einen Fisch, den du mit frischem Öl übergiessest. **417**

Andere Art. Verreibe Kümmel und Pfeffer, gib Fischlake und eingekochten Wein oder Most dazu, sowie reichlich geriebene Nüsse. Dies mische zu einem festen Teig, forme diesen mittels der Sülzform und trage das Gericht auf, mit etwas Öl begossen. **418**

Andere falsche Sülze. Eine Hand voll Kümmel, halb soviel Pfeffer, dito Rosinen, verreibe mit einer Zehe Knoblauch, gib Fischsauce darüber und verarbeite das Ganze mit Öl. Stellt verdorbenen Magen wieder her und erleichtert die Verdauung. **419**

Ragout von Meeresfrüchten. Zerschnittene Austern, Lazarusklappen und Meernesseln koche mit gestossenen gerösteten Pinienkernen, Raute, Sellerie, Pfeffer, Koriander, Kümmel, eingekochtem Most, Fischlake, Wein und Öl. **420**

Zehntes Buch

Kräutersauce für gebratenen Fisch. Verreibe Pfeffer, Kümmel, Koriandersamen, Asantwurzel, Majoran, Raute, gib Essig, eingekochten Wein und Most, Honig, Öl und Fischlake darüber, lasse dies gut durchkochen und serviere damit übergossen Fische aller Art, die du wie üblich vorbereitet und gebraten hast. Streue beim Anrichten Pfeffer darüber. **421**

Kräutersauce für gekochten Fisch. Verreibe Pfeffer, Liebstöckel, frische Korianderstengel, Saturei, Zwiebel, 2 harte Eidotter mit Most, Essig, Öl und Lake. **422**

Fisch gedämpft. Bereite den Fisch sehr sorgfältig vor, wälze ihn in Salz und gestossenem Koriandersamen, lege ihn in eine Kasserolle, decke sie zu, vergipse den Deckel, stelle das Gefäss in den Ofen und serviere den Fisch, wenn er gar ist, mit sehr scharfem Essig. **423**

Andere Art. Dämpfe den Fisch in Salzwasser mit Koriandersamen und frischem Dill und trage ihn, nur mit Essig besprengt, auf. **424**

Alexandrinische Sauce für gebratenen Fisch. Verreibe Pfeffer, Zwiebel, Liebstöckel, Kümmel, Majoran,

Selleriesamen, entkernte Damaszener Pflaumen, Mostäpfel, gib Fischsauce, gekochten Most und Öl dazu und verkoche dies alles gut. **425**

Sauce für gebratenen Meeraal. Verreibe Pfeffer, Liebstöckel, Kümmel, Majoran, Zwiebel, hartgekochte Eidotter und verkoche dies mit Wein, Meth, Essig und Fischsauce. **426**

Sauce für Hornfisch koche aus Pfeffer, Liebstöckel, Majoran, Zwiebel, entkernten Traubenrosinen, Wein, Honig, Essig, Fischlake, Öl. **427**

Ähnliche Saucen, bei denen immer die gleichen Ingredienzen, teils in grösserer, teils in kleinerer Anhäufung, wiederkehren, oder in denen hin und wieder von seltenen Gewürzen, wie Fenchel, Quendel, Safran, Sumach Gebrauch gemacht wird, und die ab und zu mit Mehl oder Eiern gebunden werden, enthält unser Original noch 24, und zwar für Meerbarben, Makrelen, Barsche, Drachenkopf (ital. rascasso), Muränen, Zahnbrassen, Goldbutt, Skorpionsfisch und Aal. **428**

Register

Ebenfalls im Regionalia Verlag erschienen:

Die Spielleidenschaft der Römer kannte keine Grenzen. 70 Spiele mit dem Ball, mit Nüssen oder Steinen und mit Würfeln, Brettspiele, Lauf- und Fangspiele sind in diesem Buch aufgeführt, allesamt problemlos nachzuspielen.

Römische Spiele
ISBN 978-3-939722-32-8
128 Seiten • 16,5×19,8 cm • Hardcover

Eines war im Mittelalter gar nicht finster: das Essen. Armer Ritter, Wildschweinbraten, Honigkuchen ... Diese und viele andere Rezepte finden Sie in dieser einmaligen Zusammenstellung.

Allerley Schlemmerey
Kochen wie im Mittelalter
ISBN 978-3-939722-18-2
128 Seiten • 16,5×19,8 cm • Hardcover